Alphonse Goettmann

# Die Freude

## Das Angesicht Gottes im Menschen

vianova
Verlag Via Nova

1. Auflage 2003

**Verlag Via Nova, Neißer Straße 9, 36100 Petersberg**

Telefon und Fax: (0661) 62973
E-Mail: info@verlag-vianova.de
Internet:
www.verlag-vianova.de
www.transpersonal.com

Umschlaggestaltung: Klaus Holitzka, 64756 Mossautal
Satz: typo-service kliem, 97647 Neustädtles
Druck und Verarbeitung: Rindt-Druck, 36037 Fulda

ISBN 3-936486-33-6

# *Inhalt*

# *Widmung*

Dir widme ich dieses Buch, Rachel, geliebte Gattin. Du hast deine Unterschrift nicht darunter setzen wollen, und doch ist es so aus dir entstanden wie der Bach aus der Quelle…

Da schenke ich es dir zum Dank, es soll zu dir hinaufsteigen am Abend unseres Lebens…

Deine Lebensfreude, deine freudigen Ausrufe manchmal, wenn du in der Bibel liest oder wenn du liebe Freunde triffst, zeigten mir, dass auch in mir ein Taumel, eine rauschhafte Freude wohnt, an die ich zuallererst anknüpfen soll, will ich mein Leben mit dir ertanzen.

„Ich lernte alles von dir", selbst dies, dass man zugleich weinen und lachen kann, unglaublich leiden und dabei aus einer Freude heraus leben, „die euch niemand nehmen kann" (Jh 16, 22). Bei dir gab es stets das Wort „selbst wenn", ein Geheimnis deiner jüdischen Wurzeln, und damit hast du das Verschlossene wieder geöffnet und die Mauern der Bedingtheit transparent gemacht, denn „selbst wenn" nichts mehr ging, riefst du mich bei meinem Namen, und es erklang nochmals ein Liebes- und Freudenlied.

Da ging mir auf, dass diese Freude für dich etwas war, womit du lebtest und dessen Gegenwart du in meinem eigenen Gesicht gelesen hast, wo du dich mit mir zu verbinden versuchst… damit unsere Freude bleibt!

Alphonse

# *Vorwort*

Es ist ein Jammer, einem Freund, der darum bittet, das Vorwort zu seinem Buch abzuschlagen. Mein Terminkalender ist so voll, dass sich eigentlich jedes Lesen eines Manuskripts in den nächsten Monaten von selbst verbietet. Aber die Freundschaft macht so vieles möglich… auch das Unmögliche!

Alphonse, ich habe dein Manuskript nicht gelesen. Ich habe es vielmehr in der Stille meditiert. Daraus stellte ich das Brot meiner Gebete, die Nahrung meiner Gedanken her. Es bestätigte mir die Richtigkeit gewisser Vermutungen, auf die ich viel Wert lege, die aber durch meine Glaubensschwäche gefährdet sind.

Ich hatte gerade ein Buch zu Ende gelesen, das mit dem Christentum hart ins Gericht geht:

„Das Glück der Christen ist entweder von gestern oder von morgen, es ist Sehnsucht oder Hoffnung, aber es ist nie von heute… Nur wenige Religionen betonen so sehr die menschliche Gemeinheit wie der Katholizismus und zeigen so viel Sadismus bei ihrer Frömmigkeit", schreibt Pascal Bruckner. Als ich ihm daraufhin mein Erstaunen gestehe, schreibt mir der Autor: „Niemals traf ich auf ein Evangelium der Freude, weder bei Katholiken, noch bei Protestanten, noch bei Orthodoxen."

Diese Worte erinnerten mich daran, wie ich in meiner Jugend von Nietzsches Anklagen ergriffen war: „Sie sollten mir bessere Gesänge singen. Sie sollten wie Gerettete aussehen, wenn ich an ihren Retter glauben soll."

Heute, wo alles wieder in Frage gestellt wird, die Bezugspunkte fehlen, die religiösen Überzeugungen auf dem Prüfstand stehen, wie soll es möglich sein, einen festen Standpunkt zu vertreten?

Ich liebe Claudels Wort: „Dort, wo es die größte Freude gibt, gibt es die meiste Wahrheit."

Aber um welche Freude geht es?

Die Freude, über die du schreibst, lieber Alphonse, bleibt selbst inmitten der Nöte des menschlichen Schicksals bestehen und gilt einem gekreuzigten Gott; es ist nicht die Freude über gute Gesundheit oder eine glückliche Veranlagung.

Eine Romanfigur Marguerite Yourcenars sagt: „Glückliche Leute zu sehen verursacht Abscheu vor dem Glück." Und doch sollte man die schlichte menschliche Freude nicht herabwürdigen. Der Mensch verdankt sich einem Überschwang göttlicher Freude. „Die Freude zeigt, dass das Leben gelungen ist", sagt Bergson.

Das hebräische Wort *Ashrey*, das etwa sechzig Mal in der Bibel vorkommt, kann in seiner ganzen Fülle nicht mit „glücklich" oder „selig" übersetzt werden. Es bedeutet Voranschreiten, letzte Vollendung des Menschen. Die Seligpreisungen sind nichts zum einfältigen Seligwerden.

„Wenn wir uns endlich unserer Lebensaufgabe bewusst werden, dann erst werden wir glücklich", sagt Saint-Exupéry. Das Glück ist keine anzustrebende Gemütsverfassung, sondern die Folge innerer Haltungen. Die Freude ist sozusagen wie die Spur, die man im Kielwasser eines Schiffes erkennen kann. Künstliche Freude, Freude auf Kommando, Freude in der Werbung durch Kundenfang sind der Tod der wahren Freude. Bei dieser Falschmünzerei ist große Vorsicht angebracht.

Manchmal gibt es in unseren christlichen Gemeinden keine Freude. Man könnte sogar meinen, Jesus hätte gesagt: „An eurer Verklemmtheit wird man euch erkennen." Aber er hat doch gesagt: „Daran, wie ihr einander liebt, wird man euch erkennen." Und die Spur der Liebe ist die Freude.

Wer wie Jesus lieben möchte („in seinem Namen"), der wird die Freude in der Spur dieser Liebe finden. Wer die Freude als solche suchen würde, könnte sie nicht finden. Wenn wir mit

Claudel sagen: „Wir haben keine andere Pflicht als die Freude“, sollten wir dies dabei nicht vergessen. „Sucht zuerst das Himmelreich und seine Gerechtigkeit. Das andere wird euch dazugegeben.“

Alphonse, gerne hätte ich zehn Seiten über dein Manuskript geschrieben. Ich habe ungefähr hundert Stellen unterstrichen, die mir viel bedeuten. Dort finde ich die außerordentliche Freude meiner Freunde Olivier Clément, Michel Evdokimov, Pater Stéphane und so vieler anderer wieder. Ich finde diese phantastischen Autoren Nikolaus Kabasilas, Meister Eckhart, Alexandre Schmemann wieder…

Da ich mich seit vierzig Jahren mit Jugendlichen befasse, die es „in der Seele schmerzt“, weiß ich, dass sie dorthin gehen, wo sie am meisten Liebe und Freude finden. Du hast für sie in deinem Buch Worte gefunden, die Tote auferwecken könnten:

„Die Ewigkeit schenkt sich nur dem, der in der Gegenwart völlig gegenwärtig ist.“

„Das Geheimnis des Lebens besteht darin, sich zu schenken und zu erhalten.“

„Alles wird durch einen brennenden Dornbusch beseelt.“

Ich möchte diesem Buch seinen Reiz nicht nehmen, sondern nur den Appetit des Lesers wecken. Es ist ein anspruchsvolles Buch, das nicht mit den Augen, sondern mit dem Herzen gelesen werden muss, es kommt aus der tiefen Stille, in der die göttlichen Personen ihr ewiges „ich liebe dich“ austauschen.

Stan Rougier,
Am Ostersonntag, April 2000

# 1. Kapitel

## *Der Schlüssel zum Glück*

*Mein Gott, Du hast gesagt: „Meine Freude ist dein Glück."*
*Lass mich heute zu Deiner Freude beitragen.*
Stan Rougier[1]

Das beste Selbstbildnis Jesu ist in den „Seligpreisungen" zu finden. Aber indem er sich auf diese Weise zeigt, offenbart er uns Gottes Wesen. Und gleichzeitig sind jene acht Sprüche wie die Stufen einer Leiter, über die Gott zum Menschen hinabsteigt und ihn einlädt, zu Ihm heraufzukommen. „Ich bin der Weg", sagt Jesus. In den „Seligpreisungen" gibt er sich ganz zu erkennen.

Das Ziel am Ende dieses Weges besteht darin, dass der Mensch wie Gott wird: nämlich „glücklich".

Im Alten Testament wird eine solch unerhörte, weil göttliche Freude ständig verkündet. Noch bevor sie in voller Gestalt beim Kommen des Messias erscheint, schenkt sie Gott seinem Volk und fordert es auf, aus dieser Quelle zu schöpfen: „Auf, ihr Durstigen, kommt alle zum Wasser!" (Jes 55,1) „Ich erfülle sie in meinem Bethaus mit Freude." (Jes 56,7)

Allein das sind nur Vorboten einer ganz anderen Freude, die kaum vorstellbar ist, so dass die Menschen in Freudenschreie und Schluchzen ausbrechen: „Die vom Herrn Befreiten kehren zurück und kommen voll Jubel nach Sion. Ewige Freude ruht auf ihren Häuptern, Wonne und Freude stellen sich ein, Kummer

---

1 Die Zitate über den einzelnen Kapiteln stammen aus einem Buch von Stan Rougier (*Liebe und du wirst leben*).

und Seufzen entfliehen." (Jes 35,10) „Jauchzt, ihr Himmel, ... jubelt, ihr Tiefen der Erde! Brecht in Jubel aus, ihr Berge!" (Jes 44,23)

Hier geht es um das Kommen des Messias, der die Freude in Person ist, und wenn er kommt, bedeutet seine Botschaft, das „Evangelium", wahrhaft „gute Nachricht", und das erste und das letzte Wort daraus sind Rufe der Freude: die den Hirten bei seiner Geburt verheißene Freude (Lk 2,10) und die Freude, die seine Jünger am Himmelfahrtstag überwältigt (Lk 24,52). Und zwischen beiden, im Herzen der Botschaft, stehen die Seligpreisungen: Selig, selig, selig...hören wir unablässig. Hier ist die Fülle der Zeit, und das Tor dorthin ist die Freude (Mt 25,21).

## *Ein anstößiger und revolutionärer Lebensstil*

Diese Freude zeichnet sich dadurch aus, dass sie von nichts abhängig ist und dass nichts und niemand sie uns rauben kann (Jh 16,22). Es ist jedem anheimgegeben, hinzutreten und sich ihr Schritt für Schritt auf dem Weg anzupassen. Sie gibt denen den Ton an, die ihr folgen, sie ist das Zeichen des neuen Menschen, der singend vorwärts geht, und sei es zum Ort des Martyriums und zum Leiden in all seinen Gestalten, wie es die ersten Christen in der Apostelgeschichte bezeugen.

Die Umwertung der Werte ist vollkommen, der neue Lebensstil, den Christus einführt, ist so anstößig und revolutionär, dass die meisten in seiner Umgebung ihm nicht glauben und weiter auf der Stelle treten, immer noch „auf dem Weg zum Weg" verweilen, ohne jemals den Sprung ins kalte Wasser der Wirklichkeit zu wagen.

Es gibt zwar keine *traurigen Heiligen*, aber die Merkmale des neuen Menschen sind nicht mehr die, die in der Welt gelten: reich sein, wohlauf, gesund, gelehrt, bewundert, wohlgelitten. Es geht sogar um das genaue Gegenteil. Jesus sagt:

Selig seid ihr, wenn nichts
von alledem euch zuteil wird und euch sogar Unheil zustößt;
selig seid ihr, wenn ihr arm,
traurig, verleumdet, ungerecht behandelt und verfolgt werdet!

Sollte Gott ein Sadist sein? Muss man unglücklich sein, um glücklich zu werden?

Christus fordert uns ganz einfach dazu auf, so zu leben wie er. Wir wissen nicht mehr, was „leben" bedeutet. Er lehrt es uns: „Lernt von mir!" (Mt 11,29) Statt an dieser Welt so zu haften wie wir, als Sklaven unserer Abhängigkeiten und Bedürfnisse, in den Grenzen unserer Bedingtheit eingesperrt, führt uns Jesus ins göttliche Leben. Er sagt uns, dass man in der *Welt sein kann, ohne von der Welt zu sein* (Jh 17, 14–16); dass es eine Art zu leben gibt, die völlig frei und nicht an Bedingungen geknüpft ist, und dass der Mensch in den schrecklichsten Situationen höchstes Glück erleben kann. Mehr noch als das: Wenn nichts mehr geht, wird das Unmögliche möglich. Darüber hinaus, wenn jemand sein Leben ganz nach den Aussagen der Seligpreisungen richtet, so kann ihn selbst der Tod nicht treffen. Und das Unglaubliche ist, diese Wandlung vollzieht sich aufgrund des eigenen „Unglücks".

Die erste der Seligpreisungen enthält bereits alle anderen, aber jede sagt auf ihre Weise die Eigenart eines Mysteriums aus, das auf jeden Fall unerschöpflich ist. Dieses Buch sollte einige ihrer vielen Aspekte aufzeigen. Betrachten wir zunächst das Grundlegende: die „Armut".

## *Selig sind die Armen im Geiste, denn ihrer ist das Himmelreich*

Das erste Wort, das Gott an den ersten Menschen in der Geschichte richtet, gilt Abraham. Es muss ein höchst wichtiges Wort sein, wie immer an den Anfängen. Dieses göttliche Wort ist eine Aufforderung, alles zu verlassen, sich total zu entäußern: Abraham, verlasse dein Land… (Gn 12,1). Es klingt in der ganzen Bibel nach und dringt in das Herz des reichen jungen Mannes im Evangelium ein, dem Jesus sagt: „Geh, verkauf deinen Besitz!“ (Mt 19,21) Dieser Mensch bist du, bin ich, ist jeder von uns! Niemand kann den Weg einschlagen, ohne arm zu sein an allem. Neben Gott ist kein Platz für etwas anderes, und solange eine andere Bindung besteht – ob *mit dünnem Faden oder dickem Tau* –, ist gleichgültig, sagte Johannes vom Kreuz, der Aufschwung wird unmöglich. Der Mensch kommt nicht zur Erfüllung.

Reichtum ist nicht an sich schlecht, er ist weder gut noch schlecht, wie alles. Die falsche Beziehung zum Reichtum ist es, die den Menschen zerstreut, die Seele spaltet und sie der materiellen Vielfalt unterwirft. Diese falsche Beziehung bringt es mit sich, dass der Reiche immerfort zerstreut ist, d. h. im wörtlichen Sinn hinausgezogen; von der Mitte weggezogen, ohne innere Orientierung wird er von der Welt der Dinge aufgesogen und erstickt.

Er besitzt zwar Dinge, aber in Wirklichkeit besitzen die Dinge ihn, er wird besessen, sein Wesen erstickt und kann nicht zur Reife gelangen, wie Jesus es von den Ähren sagt, die von Dornen erstickt werden (Lk 8,14). Wir dürfen aber auch nicht vergessen, dass man auch sehr reich in seiner Armut sein kann, sie als Besitz und Verdienst ansehen kann, oder von seinen Wünschen ganz besetzt ist, nur noch ganz Gier und voll Ressentiment gegen die Reichen. Dieser Hass ist vielleicht der größte überflüssige „Reichtum“, denn nichts anderes beherrscht uns mehr. Es ist eine Hölle und erzeugt satanischen Genuss.

## *Dort, wo deine Sehnsucht hinzielt, ist dein Gott*

Arm sein im Geiste, d.h. bis in die Tiefe seiner Selbst, bis man das kleine Ego weit hinter sich gelassen hat, bedeutet seiner

Sehnsucht freien Lauf lassen, um sie, wie es ursprünglich war, in Gott münden zu lassen. Bei der Schöpfung nämlich legte Gott in den Menschen eine einzige Sehnsucht, die nach dem Einzigen, dem sehnsüchtig Gesuchten, der Er selbst ist: Da der Mensch aber nach dem Fall von Gott getrennt ist, versucht er diese Sehnsucht auf andere Weise zu erfüllen, die Sehnsucht verliert sich ins Vielgestaltige und sucht in den unzähligen Gesichtern des Relativen nach einer Antwort auf ihren Durst nach Ewigem. Deshalb ist die Sehnsucht das Symbol unseres Ich und der wahre Gradmesser unseres spirituellen Lebens. Solange sie nicht Gott allein zum Ziel hat, ist die Sehnsucht ein Feind ersten Ranges auf dem Weg. Nur äußerste Wachsamkeit kann sie unter allen möglichen Verkleidungen und Masken aufspüren, wo sie ständig den Menschen zu dumpfen Befriedigungen und Vergnügungen treibt. Hat er Gott erst verloren, befindet sich der Mensch in einem dauernden Entzugszustand.

Der Mensch aber, der durch Erfahrung verstanden hat, dass in jeder – auch der geringsten – Sehnsucht in Wirklichkeit die Sehnsucht nach Gott steckt, kann loslassen und an allem anderen arm werden. Sein Bewusstsein richtet sich auf die göttliche Gegenwart im Herzen des inneren Sehnens statt auf die Objekte der Begierde. Ein Tag wird kommen, an dem er von Gott besessen sein wird statt von den Dingen. Am Ende findet er zu der einzigen Sehnsucht zurück, die im Kern aller Dinge auf Gott trifft, selbst bei seinen Befriedigungen und Vergnügungen, die aber dann keine Gefängnisse des Ego mehr sind, sondern zu Orten des Bundes mit Gott wurden.

Die Armut dieses Menschen kann absolut werden. Konkret gesehen, äußert sie sich durch völligen Gleichmut bei allen Ereignissen und Umständen: ob Glück oder Unglück, Anerkennung oder Beschimpfung, Ruhm oder Tadel, Sieg oder Niederlage, Gesundheit oder Krankheit, Angenehmes oder Unangenehmes. Das einzige, was für ihn zählt, ist Gottes Wille hier und jetzt. Er will in jedem Augenblick nur das, was Gott will, und nimmt alles, was geschieht, aus Gottes Hand an. Er vertreibt aus seinem Herzen das bloße Reagieren auf das Geschehen, da dies für ihn von Nicht-Armut und Haften am ‚alten' Menschen zeugt.

Bei der Armut geht es zuerst darum, frei zu werden von allem, denn diese Freiheit ist das Merkmal des Person-Seins schlechthin. Erwacht der Mensch zur Person, wird er zu sich selbst, zu seinem wahren Geheimnis, zu seiner Identität gebracht. Er muss loslassen, sich in das Urvertrauen fallen lassen, wo eine andere Kraft als das Ego ihn leiten wird, weil die Sehnsucht in Ihm allein ruht.

## *Das Ego als Hindernis auf dem Weg zu Gott*

Das alles sagt sich leicht, aber in der Wirklichkeit kämpft man ein Leben lang darum. Indes kann es auch schnelle Fortschritte für denjenigen geben, der entschlossen genug und den vollen Preis zu zahlen bereit ist. Denn wer nicht fleißig und ausdauernd übt, erreicht nichts. Und trotzdem muss man sehr auf der Hut sein, denn hinter der Sehnsucht nach Gott kann noch der Wille zur Macht stecken, ein Stolz, umso subtiler, als er spiritueller Natur ist, die Suche nach Selbstverwirklichung, und sei es in Gott! Das „Ego" muss aber verschwinden: Nachdem der Mensch den Dingen nicht mehr nachhängt, ist er selbst sein eigener Reichtum, der Schöpfer einer Beziehung zu Gott, die Quelle einer in seinen Augen ganz legitimen Sehnsucht, also fühlt er sich existent. Aber der Mensch muss ganz sterben, sonst geschieht nichts! Selbst ein nach Gott hungerndes Ich ist noch egozentrisch, besitzt eine unberechtigte Autonomie und lebt weiter in seinem Reich der Sehnsucht… Für die egoistische Sehnsucht darf es keine Erfüllung geben. Die Befreiung wird erst erreicht, wenn man sich selbst verliert. Solange es ein „Ich" gibt, gibt es keinen Raum für ein „Du".

Und selbst wenn es Raum gäbe, wäre er überflüssig! Gemeinhin stellt man sich vor, dass, wenn der Mensch ich-leer und frei von allen Dingen wäre, der ganze Raum der Seele zur Verfügung stünde, um von Gott erfüllt zu werden. Die Kirchenväter aber halten dies für einen großen Irrtum. Und auch Meister Eckhart zum Beispiel äußert sich hier scharfsinnig zu dem, was er *wirklich echte Armut* nennt: die Bemühung um Raum, so wenig schwerwiegend sie auch sein mag, ist noch wie ein Besitz, ein Reichtum. *Wenn ein Mensch leer aller Dinge, aller Geschöpfe, sich selbst und Gottes leer ist und wenn Gott noch Raum in ihm finden könnte, um zu wirken, würden wir sagen: solange es diesen Raum gibt, ist dieser Mensch noch nicht arm aus innerster Armut. Der Mensch darf keinen Raum „haben", er sollte vielmehr selbst der Raum „sein", in dem Gott wirkt, und das liebend gern... Hier, in der Armut, findet der Mensch wieder zum ewigen Wesen, das er war, ist und auf ewig sein wird.*

Daher darf man nichts besitzen und behalten, selbst kein Ich, das von Gott heimgesucht werden könnte, nicht einmal eine Leerstelle des Ich, weil man hierüber noch stolz sein könnte! Die Einheit zwischen Gott und Mensch ist dann vollkommen: Der Mensch ist eins mit Gott, mit ihm identisch, und von jetzt an kennt er kein getrenntes Ich mehr. Er hat zu seinem wirklichen Ich gefunden. So spricht jeder Mystiker, und darin besteht die einzige Sehnsucht der Liebe: eins zu werden mit dem Geliebten.

## *Auf dem Weg zur Gottesebenbildlichkeit*

Hier heißt Armut so viel wie Tod. Darum geht es hauptsächlich in den Briefen des heiligen Paulus: *seine Predigt des Kreuzes* (1 Ko 1) hat nichts Theoretisches an sich, es ist eine strenge und existentielle Erfahrung der Einheit mit Christus in seinem Tode mit dem Ziel, an seiner Auferstehung teilzuhaben. *Mit Christus gekreuzigt zu werden* heißt, dass das Ego, das Ich, nicht mehr der Urheber unserer ureigensten Handlungen ist, sondern dass diese jetzt von dem in uns lebenden Christus ausgehen. Diese Armut besteht in der Annahme einer absoluten Entäußerung, der Entäußerung Christi gleich, und *eines Gehorsams bis in den Tod* (Ph 2).

Bei diesem Abstieg, der wie eine fortwährende *Verarmung* des Ich ist, sollte jeder wahre Jünger eines Tages sagen können: *Nicht ich lebe mehr, sondern Christus lebt in mir.* (Gal 2,19) Dann offenbart sich ihm diese Armut als der Reichtum schlechthin: als Gott.

Nachdem Gott von ihm Besitz ergriffen hat, entdeckt der Mensch Gottes Wesen. Gott besitzt nichts, er ist arm, die Armut ist Gott selbst. Durch sein ganzes Wesen und seine Botschaft zeigt es uns Jesus, wie eben beschrieben: Was die drei göttlichen Personen in ihrer unendlichen Selbständigkeit ausmacht, ist gerade ihre absolute Entäußerung. Jede der drei Personen besteht ganz und ausschließlich im Sein zum anderen. Wie Pater Varillon sagt, ist *das Sein jeder Person in dem Sein der anderen: beim Vater, beim Sohne und beim Heiligen Geiste ist jede Ichbezogenheit vollkommen ausgeschlossen. Den Vater gibt es als Vater nur durch den Sohn, und so ergeht es auch den anderen, die nur durch und für die anderen sie selbst sind. Gott ist eine unendliche Macht des Verzichtes auf Für-sich-Sein*.

Dieser Seligpreisung zufolge ist der Arme derjenige, der in diesem Himmelreich lebt, und *dieses Himmelreich ist sein*, es ist zu seiner Atemluft geworden. Unaufhörlich entdeckt und erfährt er, dass der Grund seines Wesens Liebe, Kommunion und Entäußerung ist… Für ihn ist Armut nichts anderes als die Liebe selbst, die an der Wurzel seines Seins wächst, in der er lernt, dass der Sinn des Lebens Hingabe und gänzliche Entäußerung ist. In dieser „Leere“ wächst eine Blume, die Freude genannt wird: *Selig die Armen!*

## 2. Kapitel

# *„Da war unser Mund voll Lachen und unsere Zunge voll Jubel."*

*(Ps 126, 2)*

*Ich verdanke meine Existenz einem Überschwang göttlicher Freude.*
Stan Rougier

*Von seinem Ursprung an verkündigte das Christentum Freude, die einzige auf Erden mögliche Freude. Ohne die Verkündigung dieser Freude bleibt das Christentum unverständlich. Nur als Freude hat sich das Christentum in der Welt durchgesetzt, und es hat die Welt verloren, als es die Freude verloren hat, als es aufgehört hat, ihr Zeuge zu sein.*

*Der fundamentale innere Zusammenhang innerhalb der Kirche ist die „große Freude"* (Lk 2,10 u. 24, 52), *woher alles andere im Christentum seine Bedeutung bezieht.*

## *Die Freude: das Angesicht Gottes im Menschen*

Der Mensch wird erst Mensch durch die Freude, so wie der Bach erst Bach ist durch die Quelle. Sicher haben die weiten Windungen des Baches keinerlei Bewusstsein seiner Quelle, und ebenso hat der Mensch auf seinem Irrweg das Wesentliche vergessen. Da treten die Philosophen auf, die „Freunde der Weisheit", die Erforscher des Lebens, und sie erinnern daran, von Aristoteles (4. Jh. v. Ch.) bis Bergson (20. Jh.), dass *der Mensch ohne Freude nicht leben kann*, dass nur *dort, wo Freude herrscht, das Leben triumphiert.*

Ihr Wissen vermochte sehr weit, bis an die Grenze des Mysteriums, zu dringen, denn sie lehren uns, dass die Freude sich als Wahrheit unseres Seins offenbart, als Puls des Seins, als Maßstab der Wahrheit, und dass schließlich Freude und Wahrheit eins sind!

Die Freude bringt auch den Dichter zum Singen. Ihretwegen ist ja seine Kunst ein Gesang. Paul Claudel hatte, wie immer, seine Worte genau überlegt, als er schrieb: *Außerhalb der Freude gibt es nur das Nichts, und an das Nichts glauben heißt sich selbst zerstören, sich in spiritueller Umkehrung festsetzen und sein Leben wider das Geheimnis des Lebens leben wollen!*

Wie man sieht, konnte der menschliche Geist tief schürfen, und bestimmte Künstler haben es verstanden, uns zum Feuer der Erfahrung zu leiten. Hat denn nicht die Musik Feuer, um uns zu entflammen, unser ganzes Wesen so zu verzaubern, dass es vor Freude zu tanzen beginnt?

Aber weder Philosophen noch Künstler können uns sagen, warum das so ist: Welchen Namen trägt die Freude, hat sie ein Gesicht? Da mussten die Propheten auftreten, die „Lautsprecher" Gottes, um uns die Quelle jeder Freude zu offenbaren, das Ziel, woraufhin der Mensch geschaffen ist, woher er kommt und wohin er geht:

> *Ich will mich freuen am Herrn.* (Ps 104, 34)
>
> *Kommt, lasst uns jubeln vor dem Herrn und zujauchzen dem Fels unsres Heiles!* (Ps 95,1)
>
> *Der Himmel freue sich, die Erde frohlocke... vor dem Herrn, wenn er kommt.* (Ps 96,11)

Denn in der Tat:

*Das Volk, das im Dunkel lebt, sieht ein helles Licht; über denen, die im Land der Finsternis wohnen, strahlt ein Licht auf.*

*Du erregst lauten Jubel und schenkst große Freude. Man freut sich in deiner Nähe, wie man sich freut bei der Ernte, wie man jubelt, wenn Beute verteilt wird... Denn uns ist ein Kind geboren, ein Sohn ist uns geschenkt. Die Herrschaft liegt auf seiner Schulter; man nennt ihn: Wunderbarer Ratgeber, Starker Gott, Vater in Ewigkeit, Fürst des Friedens... Wonne und Freude stellen sich ein, Kummer und Seufzen entfliehen... Auf, werde licht, denn es kommt dein Licht, und die Herrlichkeit des Herrn geht leuchtend auf über dir. Denn siehe, Finsternis bedeckt die Erde und Dunkel die Völker, doch über dir geht leuchtend der Herr auf, seine Herrlichkeit erscheint über dir.* (Jes 9,1–5; 35,10; 60, 1–2)

Zu selten werden diese von unerhörtem Jubel erfüllten Texte gelesen, während sie eigentlich auswendig im Herzen bewahrt gehören. Es ist lebensnotwendig, ständig aus diesen Quellen lebendigen Wassers zu trinken, damit dieses Wasser zu unserem Blut, unserem Lebenselixier wird. Tradition setzt Weitergabe voraus: Wie die Quelle ganz in den Bach mündet, so gibt sich Gott dem Menschen hin, den Er ununterbrochen ins Leben ruft und erschafft. Und dabei übergibt er ihm vor allem seine Erfahrung einer unbeschreiblichen Freude! Denn Gott ist Freude. Daher konnten Mystiker aus Ost und West stets behaupten: *Erfahre die Freude, und du wirst Gott erfahren.*

Wer die Freude verliert, irrt umher, ihm fehlen Weg und Ziel, da er keine Quelle mehr hat. Deshalb ist man überall überzeugt, dass die Echtheit spirituellen Lebens an der Intensität unserer Freude gemessen werden kann. Da ja Gott Freude ist, ergibt sich diese Schlussfolgerung einfach zwingend. Das haben selbst eingefleischte Atheisten wie z. B. Nietzsche so gesehen: *Wenn Gott existieren würde, könnte ich ihn mir nur als tanzenden Gott vorstellen, sagt er.*

## *Indem wir das Leben lieben, zeigen wir seine Tiefendimension auf*

Es ist also klar, dass die Freude das zugrunde liegende Fundament der ganzen Bibel darstellt: die Bibel ist eine „gute Nachricht“ von Anfang an und trägt ausdrücklich den Namen Evangelium, was eben gute Nachricht bedeutet, wenn sie zur vollen Reife im Erscheinen des Messias kommt, der selbst das Antlitz der Freude ist.

Diese Ankündigung gilt es zu verstehen und niemals zu vergessen, wenn man im Alten Testament die anscheinend harmlosen Texte liest, die erzählen, wie sehr der Mensch das Leben liebt. Die wahre Weisheit für den Juden besteht zuerst einmal darin, das Leben, wie es ist, zu genießen: *Sein Leben lieben heißt das eigene Glück lieben*, sagt Jesus Sirach (4,12). So enthält das alltägliche, einfache Leben schon alles, sei es die Freude an der Ernte, die so oft erwähnt wird, da sie so bedeutungsvoll ist, oder die Freude der Weinlese, das Teilen des Lebens mit der geliebten Frau, das Kommen der Kinder, bis hin zum Vergnügen des Weintrinkens, das *das Herz des Menschen erfreut*. Keine menschliche Erfahrung ist unwichtig, und alles kann so intensiv erlebt werden, dass das seltsame Geheimnis hinter jedem Augenblick berührt wird.

So wird alles für das erwachte Herz zur Epiphanie zur Erscheinung des Herrn, zur Bekundung einer liebenden Gegenwart. Aber indessen geht alles noch viel weiter, denn was diesem Leben seine wahre Gewichtung gibt, ist die Tatsache, dass es eine Gabe dessen ist, der in ihm wohnt. In Wirklichkeit sind Gegenwart und Geschenk eins: Gott schenkt sich selbst durch die Ereignisse. Das Volk Israel weiß das wohl: *Wenn ein Mensch isst und trinkt und durch seinen ganzen Besitz das Glück kennen lernt, das ist ein Geschenk Gottes*, sagt Kohelet (3,13).

Indessen gibt sich Gott niemals passiv hin: Seine Gegenwart ist schöpferisch, vital, belebt den Menschen und befreit ihn immerfort, setzt ihn auf den Weg der Vervollkommnung. Israel irrt nicht, sei es in der Schlichtheit des Alltäglichen oder in der Zeit großer historischer Befreiung, denn *der Herr führt die Gefangenen von Sion wieder zurück, er ist es, der immer unseren Mund voll Lachen und unsere Zunge voll Jubel macht* (Ps 126,2).

In dieser ausgelassenen Freude steckt das Herzstück der Bibel, ihre tiefe Ausrichtung, bis sie eines Tages im Kommen des Befreiers selber ausbricht, des Messias, der seine Botschaft sofort verkündet, indem er offenbart, er sei gekommen, damit *die Blinden sehen, die Lahmen gehen, die Aussätzigen rein werden, die Tauben hören und die Toten auferstehen und die Armen die gute Nachricht vernehmen* (Mt 11,5). Wenn Jesus hier die Worte des Propheten Jesaia (35,5 ) wieder aufgreift, so deshalb, weil er die Konstante der ganzen Geschichte offenbaren will, wie die allmähliche Befreiung mit ihm zu ihrem Endpunkt gelangt.

Die Psalmen, da sie unser tägliches Brot sind, erlauben uns, diese Wirklichkeit jeder Wirklichkeit zu verarbeiten und die Erinnerung daran auf ewig in unsere Herzen zu schreiben: *Der Herr verhilft den Unterdrückten zu ihrem Recht, er gibt den Hungernden Brot, er befreit die Gefangenen, richtet die Gebeugten auf, heilt diejenigen mit gebrochenen Herzen und versorgt ihre Wunden.* (Ps 145, 146)

Wegen dieser Freude und um mit ihr übereinzustimmen, werden die Psalmen immer gesungen, selbst wenn man ein „gebrochenes Herz“ hat. Allein der freudige und staunende Ausruf kann angesichts unseres Schicksals die Perspektive erweitern und einen Blick in die Tiefe gestatten statt nur auf die bewegte Oberfläche des Lebens. Manchmal ist die Bewegung derart vorherrschend, dass wir die Worte des heiligen Geistes selbst aus dem Munde des Psalmisten sowie die Freude des versammelten Volkes brauchen, um uns immer wieder an das Wesentliche inmitten unserer Stürme zu erinnern…

## *Das Leben in eine immerwährende Hochzeit verwandeln*

In der Tat, wenn die Freude dauerhaft sein kann, dann deshalb, weil sie aus einer hochzeitlichen Verbindung stammt, sie ist die Freude am Bund: Die leidenschaftliche Liebe Gottes ist die Liebe eines Gatten. Er ist überall gegenwärtig, und nicht nur in der Natur, sondern auch in jedem Raum, in der Luft, die wir atmen, in der Zeit und in der Begebenheit, die sie bringt, in jeder Situation, in jeder kleinen, banalen und unbedeutenden Geschichte, in ihrer geheimen Grundlage bis zum Hintergrund. Durch alles hindurch sucht Gott den Menschen wie der Bräutigam seine Geliebte, wie das Hohe Lied bezeugt: Er will aus seinem Leben den Ort des Bundes selbst machen. Aus dem wirklichen, konkreten Leben des Menschen, das unseren heidnischen Augen vielleicht „profan" erscheint, will Gott eine Kommunion mit sich selbst erschaffen. Hier ist bereits das Himmelreich, denn wie Jesus selbst sagen wird: *Mit dem Himmelreich ist es wie mit einem König, der die Hochzeit seines Sohnes vorbereitete.* (Mt 22, 2)

Der Heilige Maximus Confessor (7. Jh.) hat auf wunderbare Weise gezeigt, wie der Mensch, der sich verführen lässt und zustimmt, mit Gott in eine liebende Wechselbeziehung zu treten, wirklich zum Priester einer „kosmischen Liturgie" wird. Von Augenblick zu Augenblick bekommt er, wo immer er sich gerade befindet, die Welt aus den Händen Gottes geschenkt und schenkt sie Gott in unendlicher Dankbarkeit zurück. Diese Dankbarkeit ist das Tiefste an der Liebe, sie ist ein ununterbrochener Lobpreis, der sein Leben in ein Leben in Gott, in eine Kommunion verwandelt. Pater Schmemann meint, die erste Grundbestimmung des Menschen liege in einem solchen Priestersein: als Priester steht er in der Mitte der Welt, er gibt ihr ihre Einheit, indem er Gott für all seine Gaben preist und ihm dankt, *alles in allem* zu sein. Als der Mensch dieses eucharistische

Leben verlor, verlor er das Leben des Lebens selbst, wie auch die Kraft, es durch Lobpreis in das Leben schlechthin zu verwandeln. Er hörte auf, Priester der Welt zu sein, wurde zu ihrem Sklaven und ist nur noch mit dem Tod verbunden durch ein totes, da gottleeres Leben.

Aber Israel ruft selbst mitten im Verfall aus der Tiefe zu Gott (Ps 130,1) und hofft weiter, denn eines Tages beseitigt der Herr den Tod für immer. Gott der Herr wischt die Tränen ab von jedem Gesicht und nimmt von seinem Volk die Schande hinweg (Jes 25,8).

Obwohl immer Reue besteht wegen des Verrats und der fehlenden Treue zu Gott, sehnt sich die jüdische Seele im Geheimen immer wieder nach der Herrlichkeit ihres Herrn: *Gott, Du mein Gott, Dich suche ich, meine Seele dürstet nach Dir. Nach Dir schmachtet mein Leib wie dürres, lechzendes Land ohne Wasser*. (Ps 63,2) Oder, wie Jesus Sirach sagt: *Wer kann sich satt sehen an ihrer Pracht?* (Jes Sir. 42,25)

Der Kult im Tempel sorgte stets dafür, dass die Flamme brannte und der Mensch immer wieder seinen wahren Klang wiederbekam. Dort, bei den Ausbrüchen liturgischer Freude, in denen die Begeisterung eines ganzen Volkes für seinen Gott sich Bahn brach, konnte jeder jederzeit erneuert werden und sein Gedächtnis wieder auffrischen. Das Bewusstsein eines erfüllten Lebens entstand bei dieser gemeinschaftlichen Erfahrung von Glück. Wer auf sich allein gestellt ist, kann das Opfer seiner Gefühle werden, aber dies wird unmöglich, wenn man einer Tradition angehört, die eine Befreiung durch Freude kennt. Da kann man sich nur gemeinsam freuen, da das ganze Volk Träger einer außerordentlichen Verheißung ist.

Diese Verheißung lässt das Herz Israels höher schlagen, sie ist die Triebfeder seiner gewaltigen Sehnsucht, sie macht aus der Zeit, ja aus jedem Augenblick ein Zeichen seines Kommens. Die Herrlichkeit Gottes, seine Gegenwart in jedem Gegenstand und jedem Ereignis wird jetzt nämlich offenbar. Der den Menschen immer wieder befreit, der ihm *Schatten gibt* und *der dich behütet, er lässt deinen Fuß nicht wanken* (Ps 121), bald wird er sich mit enthülltem Antlitz am helllichten Tag, am Tag des *Lichts* (Am 5,18) offenbaren, und da bricht *die Fülle der Zeit* an (Gal 4,4; Eph 1,10). Diese Hoffnung auf messianisches Glück begründet in Wirklichkeit die Erfahrung jeder Freude des jüdischen Volkes.

Die einfache, alltägliche Freude ist selbstverständlich in sich selbst wertvoll, denn sie ist wirkliche, volle Gegenwart, aber zugleich, und das verzehnfacht sie, mündet sie in eine unendliche Erwartung, kündigt eine radikale Neuheit an, sie ist der *Spross* (Jer 23,5) von Wundern und unvorstellbaren Taten (Jes 48,6). Das Jubelgedicht des Propheten Zefanja erschallt in den Adern jedes Juden: *Juble, Tochter Zion! Der König Israels, der Herr, ist in deiner Mitte. Er jubelt über dich und frohlockt, er erneuert seine Liebe zu dir, er jubelt über dich und frohlockt, wie man frohlockt an einem Festtag.* (Zef 3,14–20) Diese Freude kennt keine Grenzen, sie ist unendlich, denn in ihr keimt die Befreiung der ganzen Menschheit, von der Israel das Erstgeborene ist. Dort wird zwar der Messias geboren, aber damit soll jedem Menschen Befreiung zuteil werden. Glück kann man nur gemeinsam erleben, und die Freude wird erst dann vollkommen und endgültig, wenn Christus alles besiegt haben wird, was sie ununterbrochen bedroht: Krieg, Gewalt, das Böse in all seinen Gestalten, Krankheit, Leid und Tod (Jes 25,8). Er wird die ganze Erde mit großem messianischen Frieden erfüllen, wie der Prophet Jesaja verkündet (11,1–16), und inmitten seiner Freude hört jeder Mensch die Worte: *Der Herr ist dein ewiges Licht, dein Gott dein strahlender Glanz* (Jes 60,19). Kein Schatten trübt mehr die Freude, die bei all den versammelten Menschen des Neuen Bundes herrscht.

## *Freude: das erste und letzte Wort des Evangeliums*

Mit der Ankunft des Messias schwenkt die Weltgeschichte für immer von der Finsternis um ins Licht und in die Freude. Die Menschwerdung Gottes in Jesus Christus ist Erfüllung der Zeit, Eintritt in die Vollendung, die Schöpfung ist vollendet, die seit Jahrtausenden schwangere Mutter Erde gebiert Gott selbst, den Immanuel, was bedeutet: *Gott ist mit uns*.

Diese unbeschreibliche Freude besagt Erfüllung der ganzen Schrift und Verwirklichung der alten Prophetien. Ja, dieses Ereignis steht im Mittelpunkt des kosmischen Abenteuers. Ausdehnung der Galaxien, Entstehung und Gelingen des Lebens auf unserem Planeten, Erscheinung und Geschichte der Menschheit, alles läuft in diesem Augenblick zusammen: in Ihm, im Wort Gottes, wurde alles erschaffen. Das Universum brauchte 15 Milliarden Jahre, um Sein Meisterwerk zu komponieren. Seitdem rechnen so viele Menschen Tage und Jahrhunderte von diesem unvergleichlichen Datum an, das die Geschichte in zwei Teile spaltet: „Vor Christus“ und „nach Christus“! In Ihm gewann der Ewige ein Antlitz, die letzte Wirklichkeit enthüllte ihren Namen in Jesus Christus: Gott ist Freude!

Am Pfingsttag sendet der Heilige Geist die Apostel aus, damit sie diese Freude jedem Geschöpf bis an die Grenzen der Erde verkünden (Apg 1,8). Am Himmelfahrtstag wurde Christus in Palästina unsichtbar, weil er von jetzt an überall gegenwärtig ist, im Herzen eines jeden Menschen und in der ganzen Geschichte bis zum Ende der Zeit (Mt 28,20).

So sagt es der Heilige Gregor von Nazianz (4. Jh.): *Der, der mit dem Vater gleichen Wesens war, macht sich gleichen Wesens mit den Menschen, damit wir werden, was Er ist.*

Also ist die Freude, die Gott ist, durch Christus zu unserer eigenen Substanz geworden!

Der heilige Paulus macht dies zur Grundlage seiner Verkündigung: *Wir alle spiegeln mit enthülltem Angesicht die Herrlich-*

*keit des Herrn wider und werden so in sein eigenes Bild verwandelt, von Herrlichkeit zu Herrlichkeit, durch den Geist des Herrn; denn Gott ist in unseren Herzen aufgeleuchtet, damit wir erleuchtet werden zur Erkenntnis des göttlichen Glanzes auf dem Antlitz Christi.* (2 Ko 3, 18; 4,6) Wir sollten, wie einige Wüstenväter, ganze Jahre unter der Losung eines einzigen Wortes wie dieses leben, damit das Feuer des Auferstandenen in uns entfacht wird! Der Jünger Christi ist vor österlicher Freude im wahren Sinn des Wortes entflammt, und diese Freude ist ab jetzt die Leuchte, die Einstimmung seines Lebens, sagt Paul Evdokimov. Das auferstandene Lamm erstrahlt überall, selbst die Kochtöpfe leuchten in einem seltsamen Licht dem Auge, das zu schauen vermag…

Wir sagten es bereits: Ohne diese Freude ist das Christentum selbst unverständlich und die Kirche nutzlos. Mit ihr kann ich jederzeit Liebe herüber bringen, ohne sie die Liebe verraten!

Deshalb bittet Jesus seine Jünger, sich aus ganzem Herzen zu freuen. Nur wenige Christen wissen, dass dies sogar ein Gebot ist: *damit meine Freude in euch ist und damit eure Freude vollkommen wird* (Jh 15,11). Mehr noch als das: Es gibt keine Heiligkeit ohne Freude, die Freude ist ein Prüfstein, der zeigt, ob wir auf dem richtigen Weg sind: *Freut euch, lasst euch erneuern und vollenden!* (2 Ko13, 11), und der heilige Paulus drängt ohne Unterlass: *Freut euch im Herrn zu jeder Zeit! Noch einmal sage ich: freut euch!* Der Grund dafür: *Der Herr ist nah!* (Ph 4,4)

Unsere Freude besteht darin, dass Gott existiert und zu uns, ins Innerste unseres Herzens gekommen ist. Gott *ist*, das genügt. Voller Freude darüber sein, dass Er *ist*, *und überall und jederzeit danken um seinetwillen*, heißt die höchste Tat der Selbstentäußerung, das größte Gegengewicht zum Egoismus setzen, es heißt in die vollkommene Armut des Krippengeborenen einzutreten und nur noch den Glanz Jesu zu sehen. Seine Schönheit verwandelt uns.

## 3. Kapitel

# *Trotz all unserer Not bin ich von übergroßer Freude erfüllt*

*(2 Ko 7,4)*

*In der ganzen Bibel bricht Freude aus.*
*Vom Lachen Sarahs zur Freude des Tobias,*
*von den Freudentränen des Josef, Sohn des Jakob,*
*von Myriams Tänzen vor der Arche,*
*von dem Gesang der Anna bis zum Magnifikat*
*braust ununterbrochen der Lobpreis auf.*
Stan Rougier

Seit jeher hat die Menschheit auch außerhalb des Gottesglaubens nach den Höhen der Weisheit gesucht. Von Sokrates, dem Musterbeispiel des Weisen, bis zu Buddha, der den Gipfel des Gleichmuts erreichte, vom Orient bis zum Okzident wusste man, dass man sie erreicht hatte, wenn die Freude unerschütterlich geworden war und nichts, kein äußerlicher Umstand, sie mehr aufheben oder beeinträchtigen konnte. Krank sein und glücklich, in Gefahr und glücklich, sterbenskrank und glücklich, verrufen und glücklich, sagte Epiktet in Übereinstimmung mit allen Stoikern im 1. Jh. *Wir erreichen die vollkommene Freude und haben in dieser Welt der Feindschaft keine Feinde*, lautet ein berühmter Ausspruch Buddhas, worin sein außerordentlicher Weg ersichtlich wird, der ihn auf so rätselhafte Weise bis an die Grenzen des Mysteriums führte.

## *Die „noch nicht glückliche" Freude*

Der Weise ist unverwundbar und wird von einer Freude erfüllt, die durch nichts mehr gestört werden kann. Was aber ist diese Freude? Die Erfahrung des Mysteriums selbst, die er anscheinend erreicht hat, setzt ihm zu und lässt ihn etwas erwarten, das er nur schwer in Worte fassen kann. Die unsäglichste Sehnsucht herrscht in Buddhas Lächeln und im Schwindelgefühl des Sokrates, als er den Schierlingsbecher trinkt. Es ist wie ein Winter des Wartens, denn das Herz des Menschen kann keine Erfüllung finden ohne die endgültige Begegnung mit Christi Angesicht, dem echten Angesicht jeder Freude. Daher bedeutet die Freude der Weisen, wie übrigens jede unserer Freuden, wie bescheiden sie sich auch ausnehmen mag, eine verhüllte Gegenwart Christi, ob man es weiß oder nicht.

So kann man das Kommen Christi am Werk sehen, es bahnt sich seinen Weg zum Menschen durch all die Freuden. Alle künden sein Kommen an. Aber die Fülle wird erst erreicht, wenn Christus von Angesicht zu Angesicht erscheint. Wenn Freude nur ein Gefühl ist, wozu gibt es sie dann? Die Freude der Weisen enthält immer etwas von „Noch-nicht-glücklich-Sein" , das erst dann weicht, wenn der Weise auf die Freude in Person trifft, denn sie ist Jemand, und der Mensch, jeder von uns, kann sich nur in der Beziehung zu Ihm verwirklichen, indem er an Seiner Freude teilnimmt: *Nimm teil an der Freude deines Herrn*, sagt Christus (Mt 25,21). Hierin besteht die unglaubliche Originalität des Christentums, die kein Weiser auch nur erahnen konnte, obwohl sie sich unbewusst schon immer und heute noch in unserer Freude ankündigt.

Daher, so sagten wir, bittet Jesus seine Jünger, sich über alle Maßen zu freuen aus Gründen, die jenseits des Menschen liegen, in der einzigen tief greifenden Tatsache der Existenz Gottes. In jener reinen Freude der uneigennützigen Liebe, die sich ganz und vorbehaltlos schenkt, liegt das Heil der Welt. Gott existiert in der Tiefe meiner selbst, weil Er in Jesus Christus mein Fleisch und mein Blut angenommen hat, in meine Finsternis und meinen Tod hinabgestiegen ist und mich mit der Freude seiner Auferstehung erleuchtet hat. Dort liegen mein Heil und meine endgültige Befreiung. Jetzt aber gilt es, daraus in jedem Augenblick zu leben. Allein in dieser Tatsache ist die Predigt der ersten Apostel begründet, sie bildet den Kern ihrer Botschaft, das, was man „Kerygma" nennt. Nichts anderes wollten sie bis an die Grenzen der Erde (Apg 1,8) verkünden. Aber dieser Kern entscheidet über die ganze Menschheitsgeschichte und das Leben eines jeden.

## *Die Freude – ein flammendes Feuer*

Der heilige Paulus ist der phantastischste Zeuge dieses gewaltigen Abenteuers. Als er auf dem Weg nach Damaskus angesichts der strahlenden Schönheit des auferstandenen Christus vom Pferde stürzt, wird sein ganzes Wesen ergriffen. Paulus erfährt plötzlich, dass es ab jetzt für ihn keine andere Freude mehr gibt und sein Leben keinen anderen Sinn mehr haben kann, als allen diese Gute Nachricht zu verkünden. Bis ans Ende seiner Tage, bis zu seinem Martyrium in Rom, durchstreift er den ganzen Mittelmeerraum, um überall dieses Evangelium seiner Freude, das nichts anderes ist als Christus selbst, zu verkünden.

Alle Gemeinden, die er gründet, und die Kirche insgesamt sind auf dieser Freude gegründet. Nichts kann Paulus bei seiner leidenschaftlichen Aktivität aufhalten, weder das Gefängnis, in das er oft eingesperrt wird, noch alle Art Folter, die er erduldet, noch die unzähligen Gefahren auf Wegen und Meeren, noch das Leid oder die Lebensgefahr, in die er sich oft begibt. Als er sich sogar wie *der Abfall der Welt und der Ausschuss aller* fühlt, wird seine Freude nur umso fester und erleuchtet sein Leben trotz manchmal schrecklicher Not. Für ihn ist nun Christus auferstanden und damit nur noch Gottes Wort gültig; alles Böse ist endgültig besiegt: *Was kann uns scheiden von der Liebe Christi? Bedrängnis oder Not oder Verfolgung, Hunger oder Kälte, Gefahr oder Schwert? ... Doch all das überwinden wir durch den, der uns geliebt hat. Denn ich bin gewiss: Weder Tod noch Leben, weder Engel noch Mächte, weder Gegenwärtiges noch Zukünftiges, weder Gewalten der Höhe oder Tiefe noch irgendeine andere Kreatur können uns scheiden von der Liebe Gottes in Christus Jesus, unserem Herrn.* (Röm 8, 35–39)

Auf dieser gewaltigen Kraft also, aus der er selbst lebt, baut der heilige Paulus die Gemeinden auf. Sie werden zu dem Ort, an dem jeder Mensch die Freude einer unbedingten Befreiung erfahren kann, die Gabe des vollkommenen Neuanfangs, die Gott einem jeden schenken will, wie er sie Paulus geschenkt hat. Für denjenigen, der bereit ist, wie Paulus „vom Pferde zu stürzen" und all seine falschen, freudlosen Götter fallen zu sehen, gibt es einen Einschnitt. Sein ganzes Leben gewinnt eine neue Ordnung im Lichte dieser einzigartigen Erfahrung. Es gibt für ihn keine Möglichkeit der Freude mehr außerhalb des Mysteriums des Evangeliums: *Daher soll sich niemand eines Menschen rühmen. Denn alles gehört euch... ihr aber gehört Christus, und Christus gehört Gott.* (1 Ko 3,21)

Während der Mensch, solange er nicht in der Tiefe umgewandelt ist, einer Menge Dinge ausgeliefert ist, ist der wahre Jünger von allem befreit, er gehört allein Christus. Keine Freude ist dieser überlegen; zu dieser Herrlichkeit ist jeder berufen (2 Th 2,14), und sie macht aus ihm wie aus den Gemeinden *Lichter in der Welt mitten in einer verdorbenen und verwirrten Generation* (Ph 2, 15).

Diese Freude ist wie ein Feuer im Herzen des heiligen Paulus (2 Ko 11, 29), und er wartet mit großer Ungeduld, bis sich der Brand ausbreitet, denn *die Liebe Christi drängt uns* (2 Ko 5,14).

Paulus kommt wieder zum Leben, als das Freudenfeuer wieder entfacht wird: *Wie können wir Gott euretwegen genug dan-*

*ken für all die Freude, die uns um euretwillen vor unserem Gott erfüllt?* (1 Th 3, 8–9) Der heilige Paulus ist von der ihm innewohnenden Freude Christi berauscht, aber wenn es ihm gelingt, sie anderen mitzuteilen, dann erreicht sie einen Gipfel: *Macht meine Freude dadurch vollkommen, dass ihr eines Sinnes seid, einander in Liebe verbunden, einmütig und einträchtig. Seid so gesinnt, wie es dem Leben in Jesus Christus entspricht.* (Ph 2, 2–5) Es geht so weit, dass letzten Endes die Freude der anderen ihm wichtiger ist als seine und für ihn zum Gradmesser jeder Freude wird: Das schlimmste Unglück für Paulus wäre es, von Christus getrennt zu werden, indes würde er das vorziehen, wenn nur dadurch seine Brüder Christus entdecken könnten (Röm 9,3). So weit geht nämlich der Wahnsinn der reinen Liebe und zeigt, wie unermesslich die Freude ist, die hieraus entspringt.

## *Christus erkennen: zur Freude geboren werden*

Hier erreichen wir den Gipfel dessen, was ein Mensch in seiner Sehnsucht erwarten kann. Alles hat der heilige Paulus in diesen zwei Worten gefasst: *Christus erkennen*! Hierin besteht das höchste Gut und im Vergleich dazu scheint alles nichtig. Man sollte diese Sätze aus dem Brief an die Philipper immer wieder lesen, da sie die Quintessenz jeder vorstellbaren Freude enthalten, man sollte sie im Gedächtnis behalten, sie aufschreiben, damit sie sich gleichsam in unsere Herzen einbrennen, mit jedem Atemzug eingesogen werden, bis sie in das spröde Gedächtnis unserer Zellen dringen, und eines Tages wäre es dann so weit, die ersten Früchte der Bemühungen erscheinen: … *was mir damals ein Gewinn war, das habe ich um Christi willen als Verlust erkannt. Ja noch mehr: Ich sehe alles als Verlust an, weil die Erkenntnis Jesu Christi, meines Herrn, alles übertrifft. Seinetwegen habe ich alles aufgegeben und halte es für Abfall, um Chris-*

*tus zu gewinnen und in ihm zu sein… Christus will ich erkennen und die Macht seiner Auferstehung und die Gemeinschaft mit seinen Leiden; sein Tod soll mich prägen. So hoffe ich, auch zur Auferstehung von den Toten zu gelangen. Ich strebe danach, es zu ergreifen, weil auch ich von Jesus Christus ergriffen worden bin.* (Ph 3, 7–12)

Diese Erkenntnis Christi begründet das Leben und den Tod eines jeden Christen. Darin besteht übrigens der Sinn seiner Taufe: Die Erkenntnis schenkt eine neue Geburt und ein neues Leben in Christus, das mit der Taufe anfängt und immer weiter vertieft wird. Denn ab *jetzt ist Christus das Leben* (Ph 1,21).

Und diese Erkenntnis ist unbegrenzt, sie mündet jenseits unserer irdischen Existenz, *dann werden wir immer beim Herrn sein* (1 Th 4,17). Im Übrigen ist diese endgültige und vollkommene Freude, deren Herrlichkeit unaussprechlich ist, nicht für eine ferne, verschwommene und haltlose Zukunft verheißen, sondern sie besteht jetzt schon, überstrahlt und verändert unsere Existenz ganz.

Seit der Ankunft Christi in der Geschichte birgt jeder Augenblick einen Zugang zur Transzendenz, das ewige Leben hat schon begonnen, *das Reich Gottes ist schon mitten unter uns* (Lk 17, 21).

Schon jetzt sollte alles durch diese gewaltige Gegenwart geprägt sein, und das Verhalten eines Christen sollte nur hierdurch motiviert sein! Sonst ist er *wie die anderen, die keine Hoffnung haben* (1 Th 4,13).

Unsere Freude besteht aus einer vollkommenen, spirituellen und leiblichen Teilhabe an der Herrlichkeit des auferstandenen Christus. Der Herr wird *unseren armseligen Leib verwandeln in die Gestalt seines verherrlichten Leibes* (Ph 3,21). Selbst in jeder körperlichen Bewegung kann davon Zeugnis abgelegt werden. Jede bewusste Bewegung erstrahlt aus dieser Gegenwart, *denn in Christus leben wir, bewegen wir uns und sind wir* (Apg 17,28).

Um aber diese vollkommene Freude zu erreichen, muss man sie erst erlernen. Der Weg ist Christus selbst, und er führt durch Passion und Tod. Die Motivation des Jüngers liegt in Christus, nicht in der Freude, sonst ist sein ganzes Leben Betrug! Die Freude wählen heißt sich selbst wählen und Selbstbelohnung üben... Christus wählen heißt zu ihm eine unbedingte Beziehung eingehen, wobei ich mein Leben aufs Spiel setze und ich es seinem Belieben überlasse. Da diese Entscheidung der conditio humana wegen stets vorläufig bleibt, muss sie die Feuerprobe bestehen, so wie Metall gereinigt wird, um zu Gold zu werden. Christus folgen und sich ihm angleichen heißt auch mit dem gekreuzigten Christus eins werden, heißt akzeptieren, dass man mit ihm verfolgt, verleumdet, zum Tode verurteilt wird und trotzdem diejenigen liebt, die einen hassen, die Feinde. Das Leben verhöhnt uns jeden Tag auf vielfältige Weise, aber indem wir es so annehmen, wie es ist, *um Christi willen*, oder besser: indem wir mit ihm eins werden, werden wir eins mit Christus, der in diesem Leben gegenwärtig ist. Das Leid Christi zu teilen, indem wir unser Leid auf uns nehmen, heißt Christus im höchsten Maße zu erkennen, was unerhörte Freude bringt selbst in unseren tragischsten Stunden:

*Wir stehen als Toren da um Christi willen... Bis auf diese Stunde hungern und dürsten wir, gehen in Lumpen, werden mit Fäusten geschlagen und sind heimatlos. Wir mühen uns ab und arbeiten mit eigenen Händen; wir werden beschimpft und segnen; wir werden verfolgt und halten stand; wir werden geschmäht und trösten. Wie zum Dreck der Welt sind wir geworden, verstoßen von allen bis heute... Wohin wir auch gehen, tragen wir das Todesleiden Jesu an unserem Leib, damit auch das Leben Jesu an unserem Leib sichtbar wird... uns wird Leid zugefügt, und doch sind wir jederzeit fröhlich.* (1 Ko 4, 9–13; 2 Ko 4, 10; 6,10)

## *An der Quelle jeder Freude*

Alles ist für den heiligen Paulus in den wenigen Worten: um Christi willen enthalten. Um *Christi willen* ist er bereit, jede Prüfung und jedes Leiden durchzustehen. Wenn Er im Kern des Leids zu finden ist, dann heißt es: *Tod, wo ist dein Stachel?* (1 Ko 15,55) Deshalb liegt der Freude nichts mehr im Wege: Wegen Christus und durch Ihn ist Freude *jederzeit und für alles* möglich (Eph 5,20). Das erklärt, warum der heilige Paulus sich immer positiv über das Leid äußert, das für ihn einen hohen Erfahrungswert besitzt:

*Ich aber will mich allein des Kreuzes Jesu Christi, unseres Herrn, rühmen... (Gal 6,14). Jetzt freue ich mich an den Leiden, die ich für euch ertrage.* (Kol 1, 24) *Den Philippern sagt Paulus, euch wurde die Gnade zuteil, seinetwegen zu leiden* (Ph 1, 29).

Dabei wird das Leid niemals um seiner selbst willen gesucht, aber wenn es da ist, schaltet es die Freude keineswegs aus, sondern verstärkt sie noch, denn nirgendwo anders schenkt sich Christus so sehr wie in der Teilnahme an seinem Kreuz. Hier werden wir mit ihm so vertraut, dass es nicht mehr in Worten beschrieben werden kann. Das Leid spricht allein in der Stille und bezeugt unsere geheime Zugehörigkeit zu Christus: *Denn ich trage die Zeichen Jesu an meinem Leib.* (Gal 6, 17) Der Mensch, der diesem Weg folgt, wird zu einem neuen Geschöpf in einer verklärten Welt (2 Ko 5, 17). Er wurde mit Christus gekreuzigt, starb und gehört sich selbst nicht mehr (Röm 6,5). Die Quelle seiner Freude ist jenes Ostern seines Herrn, woraus er in jedem Augenblick zu einem radikal anderen Leben aufbricht: *So lebe nun nicht mehr ich, sondern Christus lebt in mir*, sagt der heilige Paulus. Diese Freude aus der Tiefe des Seins will der Apostel mit allen Menschen teilen, da liegt die Glut seines Evangeliums: *Nehmt mich als Beispiel!* (1 Ko 4,16) Da der Jünger auf diese Weise eins mit Christus geworden ist, teilt er seine Freude: die enge Vertrautheit mit dem Vater! Christus geht es darum, uns in jene unbeschreibliche Beziehung einzuführen, die uns mit Ihm zu Adoptivsöhnen macht (Eph 1,5). Söhne zu werden bedeutet für uns, von der Freude gezeugt zu werden, die der Vater selbst ist, der ewig Christus zeugt. Dort ist die Quelle unseres Lebens, und diese Quelle versorgt jedes Leben in jedem Augenblick unseres täglichen Lebens.

Deswegen muss ein Sohn, der sich ganz aus dem Vater empfangen will, die Haltung eines Horchenden einnehmen: Er legt das Ohr auf den jetzigen Augenblick und empfängt das Leben so, wie es kommt, um ganz mit dem Willen Gottes übereinzustimmen, ganz wie Christus es uns durch das eigene Leben gelehrt hat. Wie gut und tief unsere Freude wird, hängt von dem Gehorsam ab, mit dem wir unser Leben Gott ganz schenken.

Das jedoch bliebe unmöglich ohne den Beistand des Heiligen Geistes. Durch den Geist wird Christus gegenwärtig und werden wir dem Vater zugänglich, durch den Geist also kommt die Freude zu den Menschen. Deshalb kennzeichnet ein „spirituelles" Leben, d. h. ein Leben im Sinne des Heiligen Geistes, gerade die Freude, sie ist schlechthin die Frucht seiner Gegenwart (Gal 5,22). Sie ist ein Zeichen an sich und für andere, ein Zeugnis echten Lebens, das die Umgebung mit belebt. Denn der Mensch sehnt sich nach der Freude, und durch sie versöhnt sich Gott mit der Welt. Daher kommt es, dass ein gemeinsames Freudenfest zum Zeichen für die ganze Menschheit wird, zum Sauerteig für eine *neue Schöpfung*, zu der alle Menschen aufgerufen sind (Eph 1, 1–15). Hier liegt die ganze Berufung der Kirche.

Die Kirche als Gemeinschaft Christi und des Geistes erlebt ein solches Fest, als einzige in der Menschheit, denn sie allein besitzt die „Fähigkeit" zur grenzenlosen Freude, da der Geist das Geheimnis seiner Gegenwart ihr anvertraut hat. Und deshalb ist die Kirche auch befähigt, das Seufzen der Menschheit aufzunehmen (Röm 8,22), das erst in der Freude aufgehoben werden kann. Die Kirche ist jenes Labor eines anderen Werdens, *sie ist unsere Mutter* und verwandelt die unfruchtbare Not eines jeden:

*Freue dich, du Unfruchtbare, die nie geboren hat, brich in Jubel aus und jauchze!* (Gal 4, 26–27) Jetzt ist Fruchtbarkeit angesagt, denn die Kirche ist auf Erden die Ankündigung des Himmlischen Jerusalem, in dem das Frohlocken seinen Höhepunkt erreicht. Es schreitet von Fülle zu Fülle und *übersteigt alles Erkennen* (Eph 3,19–21). Vor allem darf man nicht dem Irrtum verfallen zu meinen, die Kirche sei jene sozial-politische Institution, auf das wir sie in Gedanken so oft reduzieren!

## *Das einzige große Unglück des Menschen*

In diesem Zusammenhang ist es nicht verwunderlich, dass die Hauptbotschaft des heiligen Paulus angesichts der Tragik menschlichen Schicksals von absoluter Klarheit ist: Es gibt nur ein einziges großes Unglück, das darin besteht, Jesus Christus nicht zu kennen!

Paulus lehrt uns, jede menschliche Wirklichkeit allein unter diesem Aspekt zu betrachten, um dann zu entdecken, wie diese Sicht all unsere menschlichen Pläne und Programme verwandelt, wie sich die Ebene unserer Entscheidungen und unserer Fragen radikal verschiebt. Nur aus dieser Perspektive der Verwurzelung im auferstandenen Christus kann der Mensch verstehen, welch furchtbares Unglück auf einer Menschheit ohne Gott lastet. *Mit Ihm und in Ihm* dagegen ist jeder zum Glück berufen (Röm 4,9), und von jetzt an, sei es im Angesicht des Todes oder unter der Gewalt oder was immer äußerlich geschehen mag, ist das Leben des Christen stets ein königliches Leben, ein Leben der Herrlichkeit und nicht des Schreckens. Für Paulus hängt alles von der Beziehung zu Gott ab. Wo keine Beziehung ist, lebt der Mensch in der „Sünde", Quelle jedes Unglücks und des Todes selber (Röm 5, 12).

In Christus hingegen kann der Mensch nicht mehr – nach Heideggers Worten – als *Wesen zum Tode* definiert werden, sondern er ist zu einem Wesen zu endgültigem Leben und unvergänglicher Herrlichkeit geworden. Der Christ entgeht zwar nicht dem allgemeinen Los, er lebt, wie jeder, in der Sünde und ist dem Tod geweiht, aber Christus, der ihn in seine befreiende Gegenwart gehoben hat, hat dem Bösen die Schicksalsmacht genommen. Daher, *wo die Sünde mächtig wurde, da ist die Gnade übergroß geworden,* d. h. die Freude.

Freude und Leid bestehen also nebeneinander im selben Menschen wie Licht und Schatten (Jh 1, 4–5), aber es kommt auf den Menschen an, ob er die Freude obsiegen lässt, die ihm durch Christus sicher ist, mehr noch, ob sein Leid selbst in Freude verwandelt wird! Hier bekommt der Jünger die letzte Anweisung seines Meisters, dessen ganzes Leben, wie wir sahen, so verlief: Schließlich ist keine andere Freude möglich, als wenn man sich der Passion und dem Tod Christi anschließt. Es gilt, das alltäglich Unannehmbare, die unbedeutende Nebensache, die *gewöhnliche Langeweile*, wie Véronique Nahoum sagt, bis hin zu den schrecklichsten Situationen anzunehmen. Das Geschehen umarmen, es in unsere Liebe einschließen, uns dem Augenblick ganz schenken wie Christus am Kreuz, heißt das Licht bis in die tiefste Finsternis und die Freude ins Leid selber hineinlassen. Diese freudige Annahme der jeweiligen Situation wirkt oft wie absurd in unseren Augen, *als Skandal und Torheit*, aber unser Verstand selbst, *der Widerspruchsgeist des Jahrhunderts*, muss gekreuzigt werden, damit wir eine ganz andere Weisheit entdecken als die der „klugen Leute"! *Ich lasse die Weisheit der Weisen vergehen und die Klugheit der Klugen verschwinden.* (1 Ko 1,17–31)

Allein die vollständige Annahme dessen, was auf uns zukommt und was wir von Gott empfangen wollen, befreit uns von jeder trügerischen Freude und überprüft die Echtheit unserer Gefühle. Denn wenn Christus *das Leben ist*, wird man erst eins mit Ihm, wenn man mit dem Leben schlechthin eins wird, so wie es sich ergibt. Die Tiefe des Ozeans ist genauso in den Wellen und Stürmen wie in den ruhigen Gewässern zu ermessen. Die Freude des Jüngers bildet keine Ausflucht vor der Tragik des menschlichen Schicksals, sondern sie ist Kommunion mit dem Ganzen, mit der Dichte der Geschichte als Ort des Erlebens von Christi Ostern, wo sich der Tod immerfort in Leben verwandelt. Wir sind hier von einer frommen Regung weit entfernt, die Gott und den Menschen ja nur verraten würde.

Bei Christi Menschwerdung hat Gott das menschliche Schicksal bis ins Letzte übernommen, um dort die Freude der Auferstehung um den Preis des eigenen Todes zu hinterlassen. Das Eingehen des Menschen in diese Freude zeugt also von der gleichen Logik, der Christo-logik, die ein Sieg über alle Gegenkräfte bedeutet. Die Freude ist eine Errungenschaft und also ein Kampf. Ohne diesen Kampf hätte das Leben keinen Reiz. Aber der Mensch kann die Freude niemals in den Griff bekommen, sie wird ihm stets entweichen, denn sie bleibt ein unerschöpfliches Geheimnis der Ewigkeit und transzendiert jede menschliche Erfahrung. Oft genug kann es Freude nur dort geben, wo der reine Glaube an die Gegenwart des Auferstandenen herrscht. Dort ist die Übung im höchsten Grad vorhanden, die darin besteht, *die Freude jederzeit und überall zu erleben. Deswegen bejahe ich meine Ohnmacht, alle Misshandlungen und Nöte, Verfolgungen und Ängste, die ich für Christus ertrage.* (2 Ko 12, 10)

Jenseits aller Gefühlsschwärmerei und zu leichtfertiger Euphorie können wir die *schmerzensreiche Freude* erfahren, wie sie die Wüstenväter nennen. Durch sie lernen wir, *den alten Menschen abzulegen* (Kol 3,9), der immer in Gefahr ist, an der Freude wie an einem Besitz zu haften. Die bedingungslose Freude, die selbst inmitten der Not herrscht, heißt Liebe. Und die Liebe ist sich selbst genug: Sie ist. So wird der Mensch frei, selbst von der Freude, und kann sich Gott öffnen.

## 4. Kapitel

# *Alles, was atmet, lobe den Herrn – der Lebenshauch der Psalmen*

*Joshua aus Nazareth trägt in sich einen Schatz aus Jubelrufen.*
*Das Wort „Freude“ ist eines der häufigsten Worte der Schrift.*
Stan Rougier

Sieht er aus wie ein Geretteter? Solch eine Frage stellt sich wohl jeder insgeheim und oft unbewusst, wenn er auf eine andere Person trifft. Gibt es eine Rettung für mich? Wie weit ist dieser Mensch, den ich treffe, bei der Lösung der Frage gekommen, die mich Tag und Nacht bedrängt? Sie bleibt im Hintergrund von allem, was ich bin, und von allem, was ich tue, diese Frage treibt mich mehr oder weniger bewusst zu jedem Unterfangen und jeder Bewegung an. Je nachdem wie die Frage beantwortet wird, kann ein negatives oder positives Selbstzeugnis des Betroffenen entstehen. Deshalb bringt jeder Kontakt mit einer anderen Person immer entweder ein wenig mehr Befreiung durch ihre Ausstrahlung oder ein wenig mehr Verstrickung durch ihre Schattenseiten. Nietzsche machte sich zum Sprachrohr aller Atheisten und Gottsucher, als er seine tiefe Enttäuschung angesichts der Traurigkeit der Christen zum Ausdruck brachte. Aber man braucht kein Philosoph zu sein, um zu verstehen, welch einen Skandal das in der Tat darstellt!

Den Jünger Christi erkennt man an seiner Freude, er ist ein Mensch des Gesangs und hat stets ein Lied auf den Lippen. Er weiß, dass sein Gott Liebe ist und dass dort, wo keine Freude ist, nicht viel geliebt wird. Die Freude ist ein Zeichen seiner Befreiung, er ist ein befreites Wesen und diese „Gute Nachricht" überwältigt ihn, behält immer das letzte Wort in seinem Leben!

Das sind die Quellen christlicher Mystik. Sie wurzelt im Alten Bund und wird in Christus vollkommen. Wenn der Jude „mit dem Psalter im Bauch" geboren wird, wie André Chouraqui sich wunderbar ausdrückt, dann müsste dem Christen erst recht der Psalter in Fleisch und Blut und bis ins Knochenmark übergegangen sein! Denn es ist wirklich das Buch Christi, hier sind die Gesänge des Retters und die Lobgesänge der Geretteten. Die ganze Bibel ist dort in einem ergreifenden Abriss zusammengefasst und stellt uns eine Schule der guten Nachricht unseres Heils vor Augen. Eine Schule der Erfahrung: Das Wort wird durch seine mächtige Schwingung Fleisch in mir, jeder Vers wird gesungen und schwingt mit dem *Heiligen Geist, der in mich Christus bis in meine Fingerspitzen einhaucht*, wie der heilige Symeon (11. Jh.) schreibt. Denn *das Singen wird den Geist in euch wecken, oder sein Wirken ans Licht bringen*.

Der heilige Paulus spricht über diese spirituelle Verzückung und *zeigt uns, wie wir in diesen Zustand geraten, insbesondere, indem wir ununterbrochen Lobgesänge zum Herrn singen*, indem wir in uns selbst gehen und die Gedanken stets anregen, d. h., indem wir nicht nur mit der Zunge, sondern auch mit dem Herzen singen.

*Ist man erst von diesen Gefühlen erfüllt, so nähert man sich dem Zustand, in dem man fähig wird, die Gnade des Heiligen Geistes zu empfangen und ihr gemäß zu leben. Die Gesänge zielen gerade darauf ab, in uns den Funken der Gnade, der in unseren Seelen versteckt liegt, zu entfachen, damit er Licht und Wärme entwickelt.*[2]

Dies erklärt, warum in der Kirche so oft gesungen wird, *in der Kirche, in der die Fülle des Heiligen Geistes ruht,* und warum in jedem Hochamt Psalmen erklingen, aber auch im persönlichen Leben jedes wahren Jüngers Christi. Maria zeigt es uns, die das Beispiel des Jüngers schlechthin ist: *Mir geschehe nach deinem Wort,* sagt sie (Lk 1,38). Sie baut ihr Leben auf das Wort Gottes auf. Sie ist von ihm durchtränkt und beseelt. Das zeigt sich am Magnifikat. Maria hat die Schrift so sehr verinnerlicht, dass sie mit ihren Worten, ihren Sätzen redet, die sie nicht auswendig zitiert, sondern zu einem ganz neuen Text verbindet. Die Psalmen sind wie ihr tägliches Brot, sie hat sich so sehr von der biblischen Tradition ernährt, dass sie spontan mit diesen Worten auf die Botschaft des Engels und den Gruß Elisabeths reagiert. So geht sie ganz in diesen Texten auf, und es ist bewundernswert, welch schöpferische Kraft die Psalmen in einem menschlichen Leben haben!

## *Jesus Christus, der lebendige Psalter*

Gerade dort befindet sich das Geheimnis der Modernität der Psalmen. Sie sollen kein Gebetsprogramm sein, sondern sie sollen uns die Sprache Gottes, die Sprache Christi lehren, wollen uns lehren, seinen Geist in uns wohnen zu lassen, damit Er unser ganzes Wesen durchtränkt und die Finsternis unseres Unbewussten bis hin zu spontanen Reaktionen erleuchtet! Das ist die Grundlage für alles. Die gegenseitige Durchdringung Gottes und des Menschen durch die Psalmen gleicht der Eucharistie. Hier ist das Wort Fleisch geworden, dort ist es menschliches

2 Saint Théophane le Reclus (19e s.) L'art de la Prière, Bellefontaine, p. 72–73.

Wort geworden, aber zum gleichen Zweck: *Gott wird zum Menschen, damit der Mensch zu Gott wird*, und zwar durch dasselbe Mittel, die Eucharistie, was Danksagung, Dankopfer bedeutet. So wird verständlich, warum Maria, die mit dieser zweifachen Gnade gekrönt war, von den Vätern *der Grund aller Freude* genannt wurde. Gemäß der Tradition reiht sie sich ein in das seit David schon bestehende Geschlecht der Sänger Gottes. In ihr kommt dieses Geschlecht zur Erfüllung, da das messianische Zeitalter mit Christi Geburt beginnt.

Jesus Christus ist der lebendige Psalter. Die Worte eines jeden Verses sind schon das Wort seiner geheimen Gegenwart. Seine Menschwerdung erfüllt sie dann *bis zum Jota*. Er hat diese Psalmen gesungen und sie dabei verwirklicht, schon in seiner Kindheit, von der Stimme seiner Mutter in den Schlaf gewiegt, dann inmitten seines Volkes in der Synagoge von Nazareth, und durch sein ganzes Leben haben sie ihn begleitet, waren vermutlich seine geistige Nahrung in den langen Gebetsnächten (Lk 6,12) und schließlich sogar am Kreuz seine letzten Worte. Das bedeutet: Jesus war ein Mensch des Lobpreises. Die Mitte seiner Existenz und die Triebkraft seines ganzen Lebens war das Danken. Mehr noch: Die Gabe der Eucharistie zeigt letztlich, dass Jesus Christus unser Mensch gewordenes Danken ist, dass Er selbst unser Lob ist, das einzige Beispiel und der einzige Mittler: Wir können nur *durch Ihn, mit Ihm und in Ihm* danken (Röm 1,8; 7,25).

Jesus ist der *von Gott Gesegnete*, und seine letzte sichtbare Handlung auf Erden, die er als Testament seiner Kirche weitergibt und die man dargestellt auf allen Ikonen wiederfindet, ist das Segnen (Lk 24,50). Das Segnen ist das Gebet, das den Himmel öffnet und die Herrlichkeit Gottes herabkommen lässt. Es ist eine erschaffende und belebende Gabe. Was gesegnet wurde, wird selbst zur Segensquelle. Deswegen ist Jesus das Segnen schlechthin; wenn er seine Jünger segnet, schenkt Er sich selbst. Im Übrigen unterstreicht er seine Handlung mit den Worten:

*Und ich bin bei euch alle Tage bis zum Ende der Welt.* (Mt 28,20) Paulus hat in diesem Zusammenhang Worte gefunden, die bis ins Mark gehen: er ist *Abglanz seiner Herrlichkeit, Abbild seines Wesens (Heb 1,3), und die Erkenntnis des göttlichen Glanzes (liegt) auf dem Antlitz Christi* (2 Ko 4,6).

Indem er seine Jünger segnet, lässt Jesus die Herrlichkeit Gottes auch über sie kommen, doch gleichzeitig lässt er den Dank zu Gott steigen. Lob oder Segen enthält immer diese Doppelbewegung, die in der Person Jesu vollkommen zusammengefasst ist. Deshalb gibt es nichts Höheres als Segen und Lobgesang, und deshalb ruft die Menge der Heiligen, die in der Offenbarung des Johannes vor dem Lamm versammelt sind, um den endgültigen Triumph zu besingen, zu Gott: *Lob und Herrlichkeit, Weisheit und Dank, unserem Gott in Ewigkeit* (Off 7, 12). Daraus ist ersichtlich, wie sehr die Psalmen, weit über das Segnen und den Lobpreis selbst hinaus, das Sakrament einer Gegenwart sind. Das Wort Gottes erschafft, was es aussagt, wenn ein Menschenherz sich seinem tiefen Geheimnis hingibt.

## *Ein Lobpreis, der uns dem Abgrund entreißt*

Das entdecken wir vor allem in den Bitt- und Klagepsalmen. Weil Gott gerade bis in das Tiefste des Menschen blickt, entreißt Er ihn dem Abgrund, und darüber frohlockt der Mensch selbst inmitten seiner Not. Dann lobt der Psalmist Gott, weil Er Gott ist und als solcher nichts anderes tut, als ihn zu befreien. Der Ruf zu Gott enthält bereits die Freude über die erwartete Antwort, die Klage klingt wie ein Lob, und deswegen wird sie gesungen. Das Wort wird zum Sakrament. Die bloße Tatsache, dass man vor Gott klagt, zeigt, dass man seine Gegenwart „erkennt“, im doppelten Sinne des Wortes: Ich weiß, dass Du da bist, Herr, ich kann Dir mein Unglück sagen, und meine Klage drückt meine Dankbarkeit für Deine Nähe aus.

*Ach, Herr, wie sind meiner Feinde so viel,*
*und erheben sich so viele gegen mich!*
*Viele sagen von mir:*
*„Er hat keine Hilfe bei Gott!"*
*Aber du, Herr, bist der Schild für mich,*
*Du bist meine Ehre und hebst mein Haupt empor.*
*Ich rufe mit meiner Stimme zum Herrn,*
*So erhört er mich von seinem heiligen Berge.*
*Ich liege und schlafe und erwache: denn der Herr hält mich.*
*Ich fürchte mich nicht vor vielen Tausenden,*
*die sich ringsum wider mich legen.* (Ps 3)

Für den Psalmisten sind Leben und Loben so eng verbunden, dass er spontan das eine mit dem anderen gleichsetzt. Daher der instinktive Drang aus der Tiefe seines Herzens, noch mehr zu loben, wenn scheinbar „nichts mehr geht"! Alles, was das Leben erdrückt, ist wie ein Ruf zum Lobpreis, da Loben in Fülle leben heißt. Also ist der Lobende in Gott und kann nicht sterben. Das „Große Werk" Christi wird hier machtvoll angekündigt. Der Psalmist betrachtet den Tod als die Einstellung jedes Lobs. Christus aber zeigt uns, dass der Tod das Lob schlechthin werden kann: Mitten in seiner eigenen Todesstunde bietet Jesus dem Vater die höchste Verherrlichung: *Vater, die Stunde ist gekommen, verherrliche deinen Sohn, damit der Sohn dich verherrlicht.* (Jh 17,1)

Diese „Stunde", auf die das Warten im ganzen Johannesevangelium gegründet ist, bringt die Antwort auf die beängstigende Frage nach dem Tod in so vielen Psalmen: Nein, der Tod ist nicht mehr das Ende des Lobpreises; da Christus in den Tod ging, wird er vom *Gesegneten des Herrn, dem Mensch gewordenen Lobpreis* bewohnt und mit dem *Abglanz seiner Herrlichkeit* bekleidet (Heb 1,3).

Aber dies muss ich heute lernen. Dort, wo ich mich befinde, und inmitten meines Handelns oder meiner Ruhe lässt mich der

Lobpreis von einem Zustand in den anderen „hinübergehen". Es ist ein „Hinübergehen", ein „Ostern" des Todes, von einem toten Leben in das volle Leben:

*Herr, Du wirst mich heilen, lass mich leben.*
*Siehe, um Trost war mir sehr bange.*
*Du aber hast dich meiner Seele herzlich angenommen,*
*dass sie nicht verdürbe...*
*Denn die Toten loben dich nicht, und der Tod rühmt dich nicht...*
*sondern allein, die da leben, loben dich so wie ich heute.*
(Jes 38,16–19)
*Ich werde nicht sterben, sondern leben und des Herrn Werke verkündigen.* (Ps 118,17)
*Lass meine Seele leben, damit sie dich lobe.*
(Ps 119, 175)

Leben heißt immer – zumindest als Sehnsucht – Suche nach der Fülle, das weiß jeder jederzeit aus Erfahrung. Deswegen gehört zum Leben immer das Bedürfnis nach Begeisterung. Der Mensch braucht das Wachsen über sich hinaus so sehr, dass er, wenn er Gott nicht preist, unbedingt etwas anderes verherrlichen muss. In der ganzen Menschheitsgeschichte ist dies festzustellen, sie zeigt uns, unter welchen Gestalten satanischer Perversion der Begeisterungsdrang auftreten kann, sobald er von Gott abgekoppelt ist. Der Ersatzgott wird angebetet, und da nichts das Bedürfnis nach dem Absoluten im Menschen erfüllen kann, wird die Welt verwüstet. Leidenschaften und Hass sind wie ein pervertierter Lobgesang an sich selbst: die Eitelkeit!

*Denn in der Stadt sehe ich Gewalttat und Hader. Auf ihren Mauern umschleicht man sie bei Tag und bei Nacht ... Lügen und Trügen weicht nicht aus ihren Gassen.* (Ps 55, 10–12)

Das Volk der Bibel hat es verstanden, diese große Energie für seinen Gott und Schöpfer einzusetzen. Im ganzen Alten Testament und besonders in den Psalmen erscheinen der Lobpreis

Gottes, die Bewunderung seiner Taten, die Freude daran, dass Gott Gott ist, und das freudige Danken dafür als der tiefste Sinn des Lebens für einen echten Juden:

*Ich will den Herrn loben allezeit, sein Lob soll immerdar in meinem Munde sein.* (Ps 34,2)

## *Denn ewig währt seine Liebe!*

Für die jüdische Seele ist Gott nahe, Er steht hinter allen Dingen und schenkt sich in allem. Er ist selbst Hingabe, Überfülle. Das kann ich nach Belieben und jederzeit erfahren. Dies macht den Juden überglücklich und verwandelt sein Leben, er ist froh und bricht in Dank und Lobpreis aus. Sein Herz ist in Liebe entflammt, er geht aus sich heraus und lebt der Begeisterung durch Gott. Die Worte, obwohl zahlreich, können die Begeisterung nicht mehr hinreichend beschreiben, da bricht der Damm, die Menschen schreien, rufen, Jubel bricht aus, die Hände werden ausgestreckt, es gibt Applaus, man verneigt sich oder kniet sich hin, man berührt die Erde mit der Stirn und wirft sich nieder. Das alles selbstverständlich zu den Klängen der Trompeten, Zithern, Harfen, Zimbeln und Tamburinen… In Israel wurde zu den Feiertagen pausenlos gesungen, die Feiern dauerten oft Tage, die liturgische Freude des Volkes war riesig und überschäumend, mit Rufen, die die Erde spalteten (Esdras, 3, 11):

*Ihr Völker alle, klatscht in die Hände; jauchzt Gott zu mit lautem Jubel!* (Ps 47, 2)

*Dann wollen wir jubeln über deinen Sieg, im Namen unseres Gottes das Banner erheben.* (Ps 20,6) *In seinem Palast rufen alle: O herrlicher Gott!* (Ps 29,9)

*Kommt, lasst uns niederfallen, uns vor ihm verneigen, lasst uns niederknien vor dem Herrn, unserem Schöpfer!* (Ps 95,6) *Mein Herz und meine Seele jauchzen ihm zu, dem lebendigen Gott.* (Ps 84,3)

Das Erkennungszeichen aller Stämme Israels war selbstverständlich der heilige Name des Geliebten, den er Mose offenbart hatte, der aber einen so furchterregenden Klang angenommen hatte, dass er vor Angst wie vor Liebe erschauern ließ. Man wagte ihn nicht mehr auszusprechen, sondern nur abgekürzt auszurufen: Yah, und diesen Ruf kennen wir noch als Halleluja (Hallelu-Yah), lobt den Herrn Adonai! Manchmal schrie ein Zelebrant mitten in der liturgischen Versammlung: „Allelu", und das ganze Volk antwortete begeistert: „Yah-Yah-Yah!" Diese überwältigenden Eindrücke der Begeisterung drangen wie ein Blitz ins Tiefste eines jeden Menschen und erhoben die Herzen, um endgültig ins Gedächtnis auch der dunkelsten Tage den unveränderten Kehrreim festzusetzen: *Denn ewig ist deine Liebe.* (Ps 118)

Hier wirkt ein allgemeines, allen Traditionen der Menschheit bekanntes Prinzip: Nichts bindet fester an Gott als das Frohlocken. Da läuft immer der gleiche Prozess der Selbstentäußerung und Zentrierung im anderen. Der Lobpreis kann im Kontakt mit dem lebendigen Gott entstehen, da er den sich Annähernden zu unsäglicher Bewunderung anregt, aber es ist auch so, dass der Gott Lobende, selbst wenn er von ihm noch mehr als hunderttausend Meilen entfernt ist, bereits den vorzüglichsten Weg des Gottwerdens eingeschlagen hat.

## *Der Mensch stimmt mit Christus überein, völlige Eintracht, der Mensch schlechthin*

In den Psalmen wird zunächst klar, wie sehr der Lobpreis den Menschen zu sich selbst erweckt, zu Dimensionen seines Wesens, die er nicht kannte:

*Mein Herz ist bereit, o Gott, mein Herz ist bereit, ich will dir singen und spielen. Wach auf, meine Seele, wacht auf, Harfe und Saitenspiel! Ich will das Morgenrot wecken.* (Ps 57,8)

Die älteste Tradition berichtet, dass Harfe, Zither, Psalterion, Trompete der Mensch selber ist: Er ist das wahre Musikinstrument unter den Händen Gottes. Der heilige Klemens von Alexandria (2. Jh.) sagte schon:

*Durch die Harmonie zwischen Welt und Mikrokosmos, dem Menschen, seiner Seele und seinem Leib dank dem Heiligen Geist spielt der Mensch für Gott auf diesem Instrument, das der Mensch ist.*

Der heilige Athanasius (4. Jh.) schreibt, *dass der Körper wie eine Leier ist, durch die die Harmonie der Seele ihren Ausdruck findet... Gott zu loben mit Zimbeln, Zither und zehnsaitigem Psalterion ist ein Sinnbild, das bedeuten soll, dass die Glieder des Körpers gut zusammenwirken wie Saiten und dass die Gedanken der Seele wie Zimbeln wirken, dass alles bewegt und belebt wird durch das Schwingen und die Anregung des Geistes.*[3]

Die sinnbildliche Interpretation geht bei den Vätern sehr weit und bis ins Detail: Die Trompete ist der freudige Ton des auferstandenen Menschen, das Psalterion ist die Zunge, wirkliches Psalterion des Herrn, die Zither bezeichnet den Mund, der durch den Heiligen Geist in Schwingung gerät, das Tympanon ist die mitschwingende Haut des Menschen, die den Ton empfängt und vom Äußeren zum Inneren führt, die Saiten des Instruments sind die Nerven, die mitschwingen und durch das Singen und den Lobpreis in harmonische Spannung geraten...

Hier geht es nicht um musikalische Folklore, sondern um den gewaltigen Sprung vom Alten zum Neuen Testament, bei dem es gleichzeitig um eine tiefe Kontinuität und um absolut Neues geht, wobei Christus selbst die Verbindung herstellt, der in den Psalmen schon gegenwärtig ist, wie wir sagten. Denn das Instrument bringt auch Gefährdungen mit sich, es könnte die Seele außer sich bringen und zur Hölle treiben. So geschah das oft, an-

3 T. Gérold, *Les Pères de l'Eglise et la musique*, Thèse, Strasbourg, 1931, p.125.

gefangen mit dem Zauber der Flötenspieler in den Höhlen der Prähistorie bis zu den unterschwelligen Mitteilungen, die der „Hard Rock“ und andere heutige Musikgattungen ins Unbewusste ableiten. Es geht um den Menschen. Der Mensch stimmt sich nicht auf ein Instrument ein, sondern auf Christus, der der perfekte Einklang ist, der Mensch schlechthin.

Alles hängt davon ab: Der Lobpreis ist ein Weg der Vergöttlichung, der Mensch wird zu Gott, sein ganzes Wesen muss dieser einzigen Achse des Lebens angepasst werden. Die tiefe Schwingung der Psalmen, ihre Tonart, liegt in der Gegenwart Christi begründet. Alles stimmt mit ihm überein: das Wort, der Gesang, die Instrumente, die liturgische Stimmung im Tempel, der Jubel, über den wir berichteten. Und wenn er Mensch wird und persönlich kommt, Er, der Messias, der *Sohn Davids*, ist er die lebendige Harfe, der Ton jenseits aller Töne, das Wort Gottes, durch das alles wurde. Nun wird bei der Kommunion unser Leib zum Leib Christi, und sein Blut fließt durch unsere Adern: Also ist ein Jünger Christi dem Wesen nach ein Lobpreisender. Die Freude wurde zum Klang seines Lebens und der Lobpreis zu seinem Ausdruck.

## *Eintauchen in göttliche Herrlichkeit*

Heutzutage werden in der Tradition der orthodoxen Kirche keine Instrumente mehr benutzt. Sie wurden in den Anfangszeiten in gewissen christlichen Gemeinden noch angewendet, aber schon der heilige Klemens von Alexandria (2. Jh.) duldete die Zither oder die Lyra nur noch bei der Agape.[4] Es gibt also Vorbereitungszeiten auf das Fest und ein Ausklingen, auch mit Musik,

4 Saint Jean Chrysostome, *Sur les Psaumes*, 149, 2, Le Cerf, „Sources chrétiennes“- Saint Clément d’Alexandrie, *Le Pédagogue*, 11, 4, Le Cerf, „Sources chrétiennes“.

aber die Liturgie oder der Gottesdienst ist der Ort der unmittelbaren Ergriffenheit, der direkten Erfahrung und Wahrnehmung ohne Vermittler und ohne jede Abschirmung. Es ist die freudige Feier der Begegnung mit Demjenigen, der sich zum *Fleisch meines Fleisches, Blut meines Blutes* gemacht hat (hl. Gregor Palamas, 14. Jh.).

In diesem Bad göttlicher Herrlichkeit lassen die liturgische Feier oder der psalmodische Gesang den Geist des Menschen in Kontakt mit der strahlenden Schönheit des auferstandenen Christus treten. Dann taucht die Seele in die Ergriffenheit der Kontemplation und lässt ab von Problemen und Nöten; es ist entscheidend, dass sie jetzt jedes Hindernis oder jede Zerstreuung meidet. Die Seele, die per definitionem zerbrechlich und instabil ist, findet ihre Ausrichtung, indem sie sich durch den Gesang dem Geist voll anschließt. In diesem Augenblick fängt auch sie zu jubeln an und lässt auch den Leib selbst erstrahlen, der eines Tages davon ganz verklärt sein wird. *Der Gesang bringt das Wort bis zu seiner apophatischen Grenze*, sagt Paul Evdokimov, d. h., das Wort will ein im Grunde unaussprechliches Geheimnis aussagen, und da, wo die Grenze des Unsagbaren ist, trägt die Musik des Gesangs es zum Jenseitigen, zur Erfahrung der Gegenwart Christi selbst. Da der Gesang wesentlich auf der Atmung beruht, vereint der Sänger seinen Atem mit dem Pneuma, dem Geist-Atem, um das Wort, das im Herzen der Menschen wohnt, hörbar zu machen.

Bei dieser Wiedergeburt des Menschen zu sich selbst wäre es ungehörig, noch ein Instrument in die Hand zu nehmen. Dies ist die Stunde des Wortes, des Klangs, der durch seine eigene Energie und nicht durch künstlerische Effekte wirkt. Durch den gesungenen Ton nähern wir uns dem Überton an, einer besonderen Schwingung, die in Wirklichkeit ein Bewusstseinszustand ist. So hat die Freude ihren Ton, die höchste Glückseligkeit oder die Liebe hat ihren Ton, der vielleicht der Ton des ganzen Universums ist. Und jeder Ton kann einen bestimmten Bewusstseinszustand wiedergeben. Der Gesang heißt „liturgischer Gesang“, weil er eben diese Wandlung des Bewusstseins erwirkt und weil er wesentlich außerordentlich durchdringend ist, im Gegensatz zum ästhetischen Gesang, der auf der Ebene der Seele, des sinnlichen und psychischen Erschauerns bleibt.

Hier wird der Gesang psalmodiert und jeden Tag ein ganzes Leben lang wiederholt, so dass er wie das Soliloquium[5] im Altertum wirkt, allmählich durchdringt er das ganze Wesen, das Herz, die Gefühle, die Bewegungen und das Gedächtnis. Der Gesang wirkt organisierend auf das Unterbewusstsein, das Unbewusste, die Materie, die Zellen des Körpers, die in einem neuen Bewusstsein erstrahlen. Einmal im Körper festgesetzt, dick, klebrig und hektisch, bewegt es sich nicht mehr. Es ist, als würden alle unsere vereinzelten Schwingungen, wahrscheinlich vom vielfältigen Teuflischen hervorgerufen, in eine einzige Konzentration, eine einzige Schwingung übergehen. „Es“ singt in uns, körperlich.

Aber jenseits des unpersönlichen Soliloquiums bringt uns dieser Gesang das Angesicht des Geliebten, das durch sein Wort in mir Gestalt annimmt, Fleisch wird und mich *Christus gleich macht*, wie Nikolaus Kabasilas (15. Jh.) sagt. Dann fängt man an zu verstehen, worin das neue Prinzip der Zentrierung unseres ganzen Wesens bestehen könnte.

## *Gott lieben heißt selbst Lobgesang werden*

Der Körper, mit dem wir singen, also die Materie, ist der Ort der unmittelbaren Übertragung, dort wird weitergeleitet, da die Materie von der kleinsten Zelle bis zu den galaktischen Grenzen vollkommen durchgängig ist. Unser Körper ist das Universum,

---

5 Das Soliloquium ist ein Weisheitsspruch, den ein Meister an seinen Jünger weitergibt und der immer wiederholt wird, bis er Gestalt annimmt.

und unser Bewusstsein paart sich mit dem des kosmischen Christus. Der Gesang der Psalmen bringt uns zur gegenseitigen Transparenz von Gott und Mensch, wobei das göttliche und das menschliche Bewusstsein einander beinhalten. Diese Gegenseitigkeit kann sich bis ins Unendliche erstrecken und eine endlose Tiefe haben, da feiert der Schöpfer Hochzeit mit seinem Geschöpf und macht aus der Welt einen Gesang, eben die *kosmische Liturgie*, von der der heilige Maximus Konfessor (7. Jh.) spricht und die der Mensch tagtäglich feiern soll: *Ich schreite unter Gesang vor*, sagt der heilige Johannes Klimakos (7. Jh.), obwohl er ein strenger Asket aus der ägyptischen Wüste war. Nichts kann ein Menschenherz so sehr mitschwingen lassen wie das Bewusstsein, in sich das *Unendliche Gottes zu tragen und ewig in das Unendliche Gottes vorzuschreiten als unendliches Bewusstsein: Der Sohn Gottes, unendliches Bewusstsein, hat die menschliche Natur angenommen.*[6]

Gerade das wird in jedem Vers und in jeder Zwischenzeile der Psalmen besungen, auch in den leeren Stellen zwischen den Wörtern, denn *das Lob bricht auch in dem Nicht-Gesagten oder eher Unsagbaren, in der Stille aus*. Die Psalmen, inspiriert, wie sie sind, vom göttlichen Bewusstsein erfüllt, vermitteln uns jenes Bewusstsein, das die ganze Schöpfung umfängt, und es wird uns eine Grunderfahrung vermittelt, wirklich geschwisterlich zu allen Menschen zu sein und in Liebe zu jedem Lebewesen entflammt, zu den Tieren, Pflanzen, zur ganzen Natur. Es ist die Erfahrung des Einen, des Nicht-Zwei, des Nicht-Objektivierten; es heißt nicht mehr: „Ich und das übrige". Dieser Mensch ist ein Erwachter, auf dem Weg zur Erleuchtung. Es gibt eine Erkenntnis durch Schwingung, das wissen die Dichter, und welch wunderbare Dichtung sind die Psalmen! Erkenntnis erwächst durch Teilhabe an derselben Natur, indem man das wird, was man besingt:

---

7 D. Staniloe, *Prière de Jésus et expérience du Saint-Esprit*, Desclée de Brouwer, p. 53.

*O Herr, unser Herrscher, wie herrlich ist Dein Name*
*in allen Landen!*
*Wenn ich sehe die Himmel, deiner Finger Werk,*
*den Mond und die Sterne, die Du bereitet hast…* (Ps 8)
*Die Himmel erzählen die Ehre Gottes,*
*und die Feste verkündigt seiner Hände Werk…* (Ps 19)
*Und Du kommst daher auf den Fittichen des Windes…*
*Der Du das Erdreich gegründet hast auf festen Boden…*
*Mit Fluten decktest Du es wie mit einem Kleide…*
*Herr, wie sind deine Werke so groß und viel!*
*Du hast sie alle weise geordnet,*
*und die Erde ist voll deiner Güter…* (Ps 104)

Man müsste den ganzen Psalm 104 zitieren, den so genannten „kosmischen“ Psalm, da alles dort vorkommt: die Gewässer, die Gebirge, die Schluchten, die Tiere vom Feld, das Brot und der Wein, der das Herz des Menschen erfreut. Nichts wird vergessen, und jedes Ding weiß, dass es nur durch den Atem der göttlichen Gegenwart existiert:

*Verbirgst Du Dein Angesicht, so erschrecken sie;*
*nimmst Du weg ihren Odem, so vergehen sie*
*und werden wieder Staub.*
*Du sendest aus Deinen Odem, so werden sie geschaffen*
*und Du machst neu die Gestalt der Erde.*
(Ps 104, 29–30)

So lobt die ganze Schöpfung ihren Herrn in einer großen Symphonie, in der selbst die Steine mitsingen, wie Christus es offenbarte (Lk 19, 40). Im Übrigen haben es bestimmte Heilige, wie z. B. der heilige Nektarios von Ägina (gest. 1920) klar vernommen. Was aber das erschütternde Geheimnis des Lobpreises, das Warum seiner Kraft ausmacht, das sagt uns gerade der kosmische Psalm in dem Wort: *Verbirgst Du dein Angesicht, so erschrecken sie*. Weshalb reden so viele Psalmen dem Volk Freude zu? Weil mitten in dieser Freude, inmitten des Lobpreises und des Jubels das Angesicht Gottes erscheint:

*Du aber bist heilig, der du thronst über den Lobgesängen Israels!* (Ps 22,4)

*Wohl dem Volk, das jauchzen kann! Herr, sie werden im Licht deines Antlitzes gehen,*

*und deinen Namen jubeln sie den ganzen Tag.* (Ps 89, 16–17)

*Fragt nach dem Herrn und nach seiner Macht, suchet sein Antlitz allezeit!* (Ps 105,4)

Wie erreicht man dieses Geheimnis? fragt der heilige Augustinus in seinem Kommentar zum Psalm 41, und er antwortet: *Inmitten des Jubels und Lobpreises… Im Hause Gottes ist ein immerwährendes Fest. Es feiert der Engelchor und das Antlitz Gottes, unverhüllt vor ihren Augen, verursacht unbeschreibliche Freude. Aus dieser ewigen Feier tönt es leise in den Ohren des Herzens.*[7] *Gott lieben heißt seine Herrlichkeit preisen, oder besser: selbst Gesang der Herrlichkeit werden. So werden wir durch den Lobpreis Gott als das Leben unseres Lebens erfassen. O Brüder, hört: Singt dem Herrn ein neues Lied. Und dein Leben zeuge nicht gegen deine Zunge! Singt mit der Stimme, singt mit dem Herzen, singt mit dem Munde, singt mit dem Leben… Seid selbst, was ihr singt!*[8] Der Lobpreis ist der Anfang und das Ende unserer Beziehung zu Gott. *Während du deine Geschäfte besorgst, deine Nahrung zu dir nimmst, ja sogar während du schläfst, lass deine Seele den Herrn preisen…* Der Lobpreis im Alltag kann immer weiter gehen. Lässt doch der letzte Vers des Psalters die letzte Mitteilung erklingen: Alles, was Odem hat, lobe den Herrn!

Ich muss also Gott mit jedem Atemzug loben und in das allgemeine Konzert der ganzen Schöpfung einstimmen. Das ist die

---

7 Augustinus, *Commentaire des Psaumes*, Le Cerf, „Sources chrétiennes“.
8 Augustinus, *Sermon* 34.

einzige andauernde Übung, die aber unendliches Glück bringt. Eines Tages werde ich nicht mehr so sehr mit den Lippen singen, sondern aus der Tiefe dauerhaft zu Gott ausgerichtet sein, und eine nie versiegende, aber stille Quelle wird aus meinem Herzen zu Gott fließen. Auf diese Haltung antwortet das Herz Gottes immer sofort: Das ist das unbegreifliche Geheimnis eines jeden.

## 5. Kapitel

# *Maria und die Stufen unseres spirituellen Wachstums*

*Selbst wenn Du an das Schlimmste denkst,*
*sollen wir von Herzen froh sein.*
Stan Rougier

Ist Christus der „Gesegnete“ Gottes, der Lobpreis in Person, so ist Maria der Weg zu Gott. Sie ist weder eine Göttin noch eine außergewöhnliche Frau, sondern eine von uns, das erste Geschöpf aus der gefallenen Menschheit, das sich ganz dem unfassbaren Versprechen Gottes zugänglich zeigt. Sie durchlebt dann auf geheimnisvolle Weise Befreiung auch für uns, von der Verkündigung durch den Erzengel Gabriel bis zur Himmelfahrt, und führt uns nach und nach in die Erfahrung der Gottesmütterlichkeit ein. Denn wir werden zwar aus Gott geboren, aber auch Er will nun aus uns geboren werden. In dieser Gegenseitigkeit liegt das große Geheimnis der ganzen biblischen Offenbarung, hier liegt der Höhepunkt des Evangeliums: *Wer nach dem Willen Gottes handelt, der ist für mich Bruder, Schwester und Mutter*. (Mk 3,35)

Wo aber geschieht Gottes Wille in meinem Leben? Notwendigerweise im Jetzt! In dem „Hier und Jetzt“, an meiner Feder, an der Hand, die den Besen führt oder am Kartoffelschäler, in der Dichte dessen, was ich jetzt tue, an der Fuge zwischen dem Bewusstsein Gottes und meinem Bewusstsein. Dort fängt die Geschichte an, die Geschichte einer Geburt, die Geschichte schlechthin, mein Weg.

## *Höre, Israel!*

Dieser Weg ist zuerst der Weg Marias. Sie ist die erste, die in so vielen Jahrhunderten und Generationen den Erlösungsweg einschlägt, den Gott selbst seinem Volke im Buch Deuteronomium anbot, das berühmte „Schema“: *Höre, Israel! Der Herr unser Gott ist der einzige Herr. Du sollst den Herrn, deinen Gott, aus ganzem Herzen, aus ganzer Seele und mit deiner ganzen Kraft lieben!* (Dt 6, 4–5) Das wäre zusammengefasst alles, was der Mensch braucht, um das seit dem Sündenfall verlorene Glück wiederzufinden (Dt 6,3). Schon der dritte Sohn Adams und Evas, Seth, hatte den Weg wieder frei gemacht, indem er Enosch zeugte, von dem die Bibel sagt, er sei *der erste Anrufer des Namens* (Gottes). Der Mensch hatte durch seine Abweichung die „Achse seines Namens“ verloren, d. h. seine Identität und das göttliche Leben, das deren Quelle war. Enosch rief den heiligen Namen an und fand so die verlorenen Wurzeln der Freude wieder. In seiner Nachfolge steht Sem, der erste Sohn Noahs, bei ihm fängt das Geschlecht der Semiten an, der „Träger des Namens“, und es kündigt die Gründung des „Hauses Abrahams“ an, Isaak und Jakob, und die Mütter Israels: Sarah, Rebekka, Lea und Rachel. Sie bilden alle die große Saat einer radikal neuen Zukunft, sind ausgerichtet am heiligen Namen, trunken vom Wort, *sie werden zu einem großen, mächtigen Volk, durch ihn sollen alle Völker der Erde Segen erlangen* (Gen 18,18). Der Keim des Heils aber muss noch ganze Jahrhunderte lang heranreifen, vielfältig angekündigt und vorweggenommen, bis er in Maria in Fülle entfaltet wird.

In Fülle, denn sie ist der Endpunkt, die erste, die sich ganz für Gott entschieden hat. Es ist das erste Mal, dass ein Mensch das „Schema“ vollkommen erfüllt. Ihr ganzes Wesen hört zu und ihr Herz ist ungeteilt. Im Allgemeinen lieben wir mehr oder weniger, setzen einen Teil unserer Fähigkeiten ein und bringen unsere Kräfte „halbwegs“ ein. Aber das Besondere am „Schema“ ist das Wort “ganz“! Maria liebt Gott aus **ganzem** Herzen, aus **ganzer** Seele und mit **ganzer** Kraft. Sie ist „jungfräulich“ jeder anderen Sehnsucht gegenüber, Gott „allein“ hat in ihren Gedanken und in ihrem Herzen Platz. Sie ist sich selbst nicht mehr die Mitte, sondern sie ist reine Beziehung zu Gott, und dadurch hat sie die Quelle ihres Wesens wiedergefunden, die sie mit der Gegenwart eines anderen erfüllt: Spirituelle Jungfräulichkeit mündet stets untrennbar in Mütterlichkeit. Gott stürzt sich in die Leere des Selbst, die Maria ihm anbietet. Der Mensch, der aufhört, sich selbst zu tragen, wird zum Träger Gottes: „Theophoros“ oder „Theotokos“, Mutter Gottes. Der alte Traum des gefallenen Menschen wird Wirklichkeit: *Ach, dass du den Himmel zerrissest und führest herab!* (Jes 63,19) Für Maria und durch sie vollzieht sich für jeden Menschen das Unmögliche: Der Himmel zerreißt, und der himmlische Bote kündigt ihr die „Gute Nachricht“ an, die verblüffende Nachricht, welche die Geschichte umschwenken lässt und ab jetzt jede Freude begründet…

## *Mariä Verkündigung als „Wurzelfest“*
## *Nur Freude bringt Fortschritt*

Ein Gebäude wird niemals auf beliebigem Untergrund errichtet, um so höher und wichtiger es sein soll, *um so tiefer müssen die Fundamente sein*, sagt Augustinus. Deshalb werden die ersten Worte Gottes an Maria, vom Erzengel Gabriel übermittelt, den ganzen Neuen Bund zwischen Gott und den Menschen, den ewigen, endgültigen Bund begründen, und diese Worte sind: *Freue Dich, Maria!* (Lk 1, 28) Ein Wort, das alles enthält, denn es enthält Gott selbst und auch den Menschen, der ja nach seinem Bild geschaffen ist, aber auch den Weg, der vom einen zum anderen führt…

Der Bund mit Gott und das Einswerden mit ihm sind selbstredend die höchste Möglichkeit des Menschen. Aber es leuchtet genau so ein, dass, da Gott der Gipfel des Glücks ist, das absolute Glück, der Mensch, durch dieses Glück zu Ihm fortschreitet, und dass das vollkommene Glück das Wesentliche des spirituellen Lebens ausmacht. Überall, wo Freude herrscht, drückt sich Gott aus, aber da, wo man Freude einübt, prägt sich Gott ein! Wenn der Mensch dazu aufgerufen ist, sich mit Gott zu vereinen, so deshalb, weil er in sich die Fähigkeit zu vollkommenem Glück hat. Der wahre Jünger schreitet nur fort, wenn er in der Freude fortschreitet, und für ihn heißt Fortschritt auf dem Weg so viel wie wachsendes Glück. So sehr wie die Traurigkeit mich von Gott trennt und vom Wege abführt, so sehr bringt mich die Freude wieder zu ihm zurück. Es gibt keine größere Sünde als die Traurigkeit, sagen die Heiligen[9], sie verrät Gott und verhöhnt den Menschen, sie kommt vom Teufel und taucht uns in die Hölle. Die Freude aber ist ein mystisches Gefühl, und alle Mystiker empfinden sie in reichem Maße.

Indem er also Maria zur Freude auffordert, eröffnet Gott die Geschichte des Heils, die Geschichte der endgültigen Befreiung der Menschheit sowie jedes Menschen im Besonderen. Maria ist kein außergewöhnliches Wesen, kein einzelner Meteorit der Geschichte, sondern es wird in ihr aus der Wurzel des Ahnengeschlechtes die ganze Herrlichkeit der jüdischen Mystik zur Blüte geführt, so wie auch in ihr die ganze spirituelle Zukunft der Menschheit geboren wird. Die „Tochter Sion“, von der die Propheten im Alten Testament sprechen, ist Maria: *Jeder ist dort geboren…, und sie werden beim Reigentanz singen: alle meine Quellen entspringen in dir.* (Ps 86/87, 5–7) Maria ist die „Mutter Sion“, sie versammelt in sich das ganze Volk Gottes in allen Zeitaltern. Aber sie ist nur dadurch Mutter und

9 Isaak der Syrer, (6. Jh.), Katharina von Siena (16. Jh:), Thérèse von Lisieux (19. Jh.).

Quelle, dass sie für Gott ganz transparent ist, indem sie die Ausstrahlung seiner Herrlichkeit aufnimmt und weitergibt:

*Auf, werde Licht, denn es kommt dein Licht,*
*und die Herrlichkeit des Herrn geht leuchtend auf über dir…*
*Völker wandern zu deinem Licht*
*und Könige zu deinem strahlenden Glanz.*
*Blick auf und schau umher:*
*Sie alle versammeln sich und kommen zu dir.* (Jes 60, 1–4)

„Freue dich, Maria!" ist kein „Engelgruß", keine himmlische Art, „guten Tag" oder „Grüß dich, Maria!" zu sagen, sondern es ist die Ankündigung, dass die messianische Freude, die seit langem von den Propheten erwartet wurde, sich nun erfüllt. Was für ein Gewicht kommt somit den Worten des Erzengels Gabriel zu, wenn man weiß, wie schwer sie sind, da sie schwanger sind mit der langen Vergangenheit, die mit Macht in Marias Herz mitschwingen wird. Diese Worte kennt Maria auswendig, sie hat sie lange „gehütet"; es sind die Worte des Engels und der Propheten, z. B. Zefanjas:

*Juble, Tochter Zion! Jauchze, Israel!*
*Freu dich, und frohlocke von ganzem Herzen,*
*Tochter Jerusalem!*
*Der Herr hat das Urteil gegen dich aufgehoben*
*und deine Feinde zur Umkehr gezwungen.*
*Der König Israels, der Herr, ist in deiner Mitte,*
*du hast kein Unheil mehr zu fürchten.*[10] (Zef. 3, 14–15)

Das Geheimnis der angekündigten Freude lautet: *Der König Israels, der Herr, ist in deiner Mitte*. Wörtlich übersetzt: *in deinem Innern oder in dir.*[10] Echte Freude geht immer in eine Gegenwart über, sie ist wie „Empfängnis" und „Geburt":

---

10 R. Laurentin, *Structure et théologie de Luc I–II,* Gabalda, 1967, p. 67, et J. de la Potterie, *op.cit.* p.49.

*Du wirst ein Kind bekommen, einen Sohn wirst du gebären; dem sollst du den Namen Jesus geben.* (Lk 1,31)

## *Jedes Ereignis ist wie ein Engel, der mich einlädt, Mutter Gottes zu werden*

Die Freude ist eine Wohnung des Seins. Als solche sind Freude und Wahrheit identisch. Paul Claudel liebte es, zu sagen, dass Freude der richtige Zugang zum ontologischen Mysterium ist: Wo Freude ist, ist Leben, ist Sein. Deswegen heißt „sich freuen" für Maria gleichzeitig das Sein schlechthin gebären. Maria empfängt in ihrem Schoß den heiligen Namen selber, in dem jedes Wesen wurzelt: *Dem sollst du den Namen Jesus geben.* (Lk 1,31)

Dieses Ereignis wird zur Richtschnur für jeden: Maria wird zur Mutter Gottes durch ihre Natur, und jeder Mensch, der von jetzt an diesen heiligen Namen anruft, durch Gnade, *weil er an seinen Namen glaubte, hat dieser Name den hier, den ihr seht und kennt, stark gemacht* (Apg 3, 12). Er wird „Träger des Namens". Zur Richtschnur auch deshalb, weil jetzt jeder Mensch, der auf dem Weg ist und nur noch nach dem *einzig notwendigen* (Lk 10, 42) sucht, in der Tiefe seines Wesens „Freue dich!" hört. Er kann diese Botschaft aber auch durch jedes Ereignis hindurch vernehmen. Jedes Ereignis, jeder Augenblick ist wie ein Bote, ein Engel, der mir sagt: „Freue dich!" Und wenn ich diese Freude annehme, wird sie mich von der Last des Alltags befreien.

Das Wort mir geschehe, was du gesagt hast (Lk 1,38) führt über die bloße Äußerlichkeit des Ereignisses hinaus und bringt mich in direkten Kontakt mit Dem, der allem innewohnt. Es kommt nur darauf an, dass meine innere Freude die äußerliche Freude erreicht, die zu erkennen mich so viel Mühe kostet. Aber die erste erlaubt mir, die andere zu entziffern. Und wenn ich den manchmal unendlichen Abgrund hinter mir gelassen habe zwischen dem, was ich bereits bin, und Dem, der mich immer noch im Hintergrund aller Dinge erwartet, wenn meine Zustimmung vollkommen ist und die Harmonie zwischen mir und dem Geschehen perfekt, dann wird die Hochzeit gefeiert werden, der Bund zwischen außen und innen ist bräutlich, also fruchtbar, ich werde dem Versprechen Christi gemäß „Mutter". Indem ich hier und heute seinen Willen tue, erscheint die Wirklichkeit in ihrer wahrhaft göttlichen Dimension. Da werden mir *die Wurzeln der Weisheit enthüllt, die Tiefe des Abgrunds erforscht* (Jesus Sirach, 3–6). *Ihre Wege sind Wege der Freude, all ihre Pfade führen zum Glück. Wer nach ihr greift, dem ist sie ein Lebensbaum, wer sie festhält, ist glücklich zu preisen.* (Spr 3, 17–18)

Wir haben es bereits gesagt: Dieser Weg, diese Weisheit, das ist Maria selbst. Durch ihr bedingungsloses „Ja" macht sie mich zugänglich für ihre Mütterlichkeit. Aber Maria musste diese Freude ihr Leben lang ergründen und lernte schließlich am Kreuz, wie sehr sie mit dem Leid einhergeht. Ihr „Ja" ist das letzte „Ja", das alle Dinge zum Ende führt und den Menschen zur neuen Geburt bringt, weil er endlich der Freude Gottes vollkommen verbunden ist.

## *Der Besuch Marias bei Elisabeth: Die Stimme der Turteltaube*

Fürs erste geht Maria ihren Weg, ihr freudiges „Ja" zeigt sich zunächst als Entzücken.

Als die Bundeslade mit der Tora durch Judäas Hügel getragen wurde, um schließlich in Sion ihren Sitz zu finden, überließ sich König David seinem Jubel und tanzte außer sich vor Freude vor der Bundeslade (2 Sam 6). Die Kirchenväter meinen, dies sei schon eine Vorwegnahme dessen, was kommen sollte.

Maria ist nämlich die lebendige Bundeslade des neuen Bundes. Sie ist schwanger, trägt das Wort Gottes über die Hügel Judäas und trifft in Ain-Karem ihre Cousine Elisabeth, die ihrerseits mit Johannes dem Täufer schwanger ist. Dies ist ein heiliger Besuch, die Begegnung zweier Leiber, zweier ganz nach innen gerichteter Innenleben, aber genau deswegen können Maria und Elisabeth sich treffen, denn jede sieht ganz nach außen, bereit zum bedingungslosen Empfang. Bei diesem unmittelbaren Kontakt des Schöpfers mit seinem Geschöpf fängt Johannes wie ein neuer David im Leib seiner Mutter vor Freude zu tanzen an (Lk1, 44). Die Tradition nennt Johannes wegen dieses überraschenden, aber sehr bedeutungsvollen Ereignisses „Prophet der Freude“: Er leitet die neue Zeit unendlichen Jubels ein, die Zeit der Menschwerdung Gottes.

Im Hohen Lied war es verheißen: *Denn vorbei ist der Winter, verrauscht der Regen. Die Zeit zum Singen ist da, die Stimme der Turteltaube ist zu hören in unserem Land* (Hohes Lied 2, 11–12). Johannes der Täufer aber, der Freund des Bräutigams, der dabei steht und ihn hört, freut sich über die Stimme des Bräutigams (Jh 3,29). Johannes der Täufer, Prophet der Freude, ist auch ihr mächtiger Zeuge und Missionar: *Schon ist die Axt an die Wurzel der Bäume gelegt; jeder Baum, der keine gute Frucht hervorbringt, wird umgehauen und ins Feuer geworfen.* (Lk 3,9) Die „Frucht“ ist die Freude, denn sie ist die Tochter der Liebe, und jeder, der liebt, stammt von Gott und erkennt Gott (1. Jh 4,7). Johannes der Täufer erfährt diese unbeschreibliche Freude, als er Jesus tauft, der Himmel sich öffnet und er in das Geheimnis von Gottes ewigem Leben eingeführt wird, in die göttliche Dreieinigkeit, die er als erster geschaut hat (Mk1, 9–11). Dieser Augenblick ist entscheidend für das ganze Leben des Täufers, er erfährt, was in der Welt und im Himmel das Höchste ist: Der Grund des Seins ist die Liebe, also die Freude, alles ist Kommunion, die Mitte der ganzen Schöpfung ist der Tempel der dreifaltigen Gegenwart.

Aber vorerst vernimmt Johannes die ersten Zeichen mitten im Mutterleib. Sein eben erwachtes Bewusstsein trifft auf den *Gesang der Turteltaube*. Der Heilige Geist singt das „Magnifikat“. Maria leiht ihm ihre Stimme, sie schenkt ihm ihr ganzes Wesen, damit der Gesang der Vermählung des Schöpfers mit dem Geschöpf in den Ohren des zukünftigen Propheten der Guten Nachricht erklingt. Wenn Johannes dann im Schoße Elisabeths tanzt, so deshalb, weil derselbe Geist, der Maria bewegt, ihn auch ganz erfasst hat (Lk 1,15).

Beide, die Mutter des Neuen Bundes und sein Vorbote, sind jetzt auf den Klang der „Fülle der Zeit“ eingestimmt: Freude, Dank, immerwährender Lobgesang:

*Meine Seele preist die Größe des Herrn,*
*und mein Geist jubelt über Gott, meinen Retter.*
(Lk 1, 46–47)

## *Zeit zum Singen*

„Staunende Bewunderung“ wäre vielleicht der richtige Ausdruck, um das Unaussprechliche dieses „Klanges“ im Herzen Marias zu beschreiben. Die Freude offenbart jetzt den inneren Zustand der Mutter Gottes, wie wir sagten, aber die staunende Bewunderung ist wie ihre Dauerantwort auf das erhaltene Geschenk, gleichsam ihr Pilgerstab, mit dem sie zu anderen Menschen, zum einfachen Leben geht. *Die Zeit zum Singen,* von der das Hohe Lied spricht, ist kein flüchtiger Augenblick, Zeit, das Magnifikat zu rezitieren, kein kurzer Moment der Rührung, es ist der „Augenblick der Ewigkeit“, der beim Kommen des Messias eingesetzt hat. Ab jetzt ist die Zeit „erfüllt“, weil Jesus Christus, den jeder Mensch in sich trägt gleich Maria, da er zugleich Gott und Mensch ist, in seiner Person Zeit und Ewigkeit vereint. Das außerordentlich Neue für uns, Menschen des Exils, besteht darin, dass Christus durch seine Menschwerdung den

Gegensatz zwischen Zeit und Ewigkeit endgültig aufgehoben hat.

Ewigkeit, das heißt, dass jemand, dass Gott durch Christus in die Zeit eingeht.

Jetzt ist die Zeit bewohnt, und wir leben in ihr wie in einem Tempel, in dem die ewige Gegenwart uns sucht und durch die vielfältigen Neuheiten der einander folgenden Augenblicke hindurch zähmt Wer noch staunend bewundern kann, sucht im Laufe der Zeit die geheime Quelle auf, und wer nah an der Quelle ist, vernimmt ihr Singen, *die Zeit zum Singen*. Allein diese staunende Bewunderung verklärt die Zeit für den, der es wirklich will. Jeder Augenblick wird jetzt wie ein ausgesuchter Ort des Bundes, wo man endlich jeden Widerstand aufgeben und sich hingeben, zum „Ja“ werden kann. Die „hohle“ oder „leere“ Zeit, die „tote“ oder „verlorene“ Zeit wird jetzt zu einer geheimnisvollen „Fülle“. Das aber erst, wenn liebevolle Zustimmung zum gegenwärtigen Augenblick gegeben ist. Denn unser Wille muss sich verschenken, unsere Freiheit sich engagieren und ihre Wahl treffen, wir müssen, kurz gesagt, dem Ereignis entgegengehen wie Maria zu Elisabeth: Unsere Wesensart ist dann marianisch, wir versuchen die Wirklichkeit von innen zu „besuchen“, um ihre ganze Tiefe zu entdecken.

Auf diese Weise besucht Maria Elisabeth, aber wenig später besucht sie so auch ihre Küche, ihren Haushalt, verrichtet die Näharbeit und erledigt die vielen Kleinigkeiten, die an einem Tag zu erledigen sind. Im Innern dessen, was sie tut, gibt es nur eine einzige Ausrichtung. Hier berühren wir erneut den Kernpunkt des Lebens. Das Leben hat keine Substanz mehr, wenn es keine innere Ausrichtung hat. Wenn wir so schlecht, so wenig oder gar nicht leben, kommt das, weil wir gelebt werden, anstatt das Leben zu leben. Statt ein erfülltes Leben zu führen, werden wir vom Leben besetzt oder mit Sorgen erfüllt, wir setzen uns mit unseren „Problemen“ gleich, lassen uns von unseren Sorgen einnehmen, das Hirn gärt, die Schwierigkeiten legen uns lahm. Nichts ist so quälend wie die Unruhe, so aufreibend wie der Zweifel. Wir werden hinausgeworfen, unserer Tiefendimension beraubt, die Liebe kann nicht mehr weitergegeben werden. Wir „funktionieren“. Aber *kein Sklave kann zwei Herren dienen, er wird entweder den einen hassen und den anderen lieben, oder er wird zu dem einen halten und den andern verachten.* (Lk 16,13)

## *Der Blick Gottes auf den Menschen*

Nichts dergleichen bei Maria! Ihr Wesen ist vollkommen gelöst. Wie es Pater Sion sagt: *Sie macht kein Drama aus einem Nichts, sie vernichtet das Drama*[11]. Wo dein Schatz, dort dein Herz. Der Bräutigam ist niemals abwesend für die Braut; für Maria ist alles einfach, außerordentlich befriedet, alles ist Licht. Wenn sie von irgendetwas verwirrt würde, wäre ihre Seele verunsichert und ihr Herz durch die tausend Sorgen des Alltäglichen zerrissen.

Maria indes ist nicht in den Dingen des Lebens gefangen, steht nicht unter Zeitdruck, sondern im Gegenteil! Wie sie im Magnifikat singt: *Mein Geist jubelt über Gott, meinen Retter, denn auf die Niedrigkeit seiner Magd hat er geschaut.*

So schwer zu tragen der Augenblick auch sein mag, er ist immer im Grunde ein Bote der Freude, denn selbst inmitten des Entsetzlichen wirkt Gott, um mich zu retten. Der wirkliche Sinn einer Begebenheit besteht nicht darin, was ich an der Oberfläche vernehme, sondern darin, was mir darüber in der Heiligen Schrift offenbart wird: Durch alles Geschehende hindurch sieht Gott mich an. Er sagt mir: *Fürchte dich nicht, denn ich habe dich ausgelöst, du gehörst mir. Wenn du durchs Wasser schreitest, bin ich bei dir, wenn durch Ströme, dann reißen sie*

---

11 „La simplicité à l’école de Marie“, notes de retraites, polycopié, p.2.

*dich nicht fort. Wenn du durchs Feuer gehst, wirst du nicht versengt, keine Flamme wird dich verbrennen. Denn ich, der Herr, bin dein Gott, ich, der Heilige Israels, bin dein Retter.., weil du in meinen Augen teuer bist und weil ich dich liebe.* (Jes 43, 1–4) Maria lebt ganz unter der mächtigen Kraft des Wortes, die sie über den eigenen Horizont hinaus erhebt; sie taucht in den grenzenlosen Horizont Gottes ein, *mir geschehe nach deinem Wort*! Allein dieser Glaube Marias, wodurch sie ihr Leben auf Gott aufbaut und nicht auf Meinungen und Prinzipien dieser Welt, kann uns aus dem Nichts befreien.

Wenn das Wunder der Liebe Gottes, wie das Magnifikat es klar herausstellt, geglaubt werden soll, dass der *Mächtige Großes für mich getan hat... und er erbarmt sich von Geschlecht zu Geschlecht...*, dann ist die Freude eine strenge Pflicht: *Sagt den Christen, sie hätten nur eine Pflicht: Die Pflicht zur Freude.* (P. Claudel) Aber ist sie dann noch „Pflicht" zu nennen, wenn man sich in dem ewigen Liebesblick Gottes geborgen weiß? In seiner „Barmherzigkeit", wie man üblicherweise den schwierigen hebräischen Ausdruck übersetzt, der aber bedeutet, dass Gott bis in den Leib hinein gerührt wird in seiner unendlichen mütterlichen Zärtlichkeit für den Menschen (Jes 54, 7–10)? Denken wir doch an diejenigen, die diesen Liebesblick lange auf sich gespürt haben: An die ausgelassene Freude der Samariterin, an die radikale Verwandlung des Zachäus, an Matthäus, der taumelnd seine Schreibstube verlässt, um Jesus nachzufolgen, an die Tränenflut Maria Magdalenas, an das Zittern des Pontius Pilatus, an die Auferstehung des Lazarus, an den einen Schächer am Kreuz, an so viele Blinde mit den toten Augen, denen Er das Feuer seines eigenen Blickes mitgab, und an so viele andere. Pflicht? Nein, Überschwang, spontaner Gefühlsausbruch, Taumel! Maria wurde ganz von diesem Blick erschaffen, von seinem Licht berauscht. Niemand wird jemals ihr tiefes Geheimnis von so vielen Jahren, von Jesu Geburt bis zu seinem Tod, ausloten können. Wir wissen nur, dass, als Jesus am Kreuze hing, sein letzter Blick aus blutigen Augen das Herz Marias wie ein Schwert durchbohrt hat. Ein letzter Besuch.

## *Maria oder die Grundhaltung des Jüngers*

Jeder Augenblick besingt auf seine Weise die Herrlichkeit Gottes. Dieses Singen kommt auch aus dem blutigen Gesicht der Menschheit. Die Melodie ist von Gott, der Augenblick vom Menschen. Im Jetzt ist für uns die Grunderfahrung gegeben, denn nur dort kann ich das Leben besuchen, und es besucht mich, nirgendwo sonst. Wir brauchen ein Mittel, um Himmel und Erde zu verbinden, ein Scharnier, um das Wirken Gottes und unser Wirken zu verbinden, aber wenn man von unserer wirklichen Existenz konkret ausgeht: Wie ist Gott inmitten unserer vielfältigen Tätigkeiten zu erfahren? Das verbindende Scharnier kann nur der Augenblick sein, die Kreuzung der Ewigkeit und der Zeit, Ort der Inkarnation und des Ostern in meinem Heute: In diesem Augenblick, jetzt, ohne dass meine Psyche eingreift, um zu urteilen, zu kritisieren oder abzulehnen, führt mich Gott und zeigt mir seine ganze Liebe. In dieser völligen Annahme dessen, was ist, und der Ereignisse werde ich eins mit dem Willen Gottes. Mein Ich bietet sich Gott an wie der *gute Boden* im Evangelium, der *Frucht bringt hundertfach* (Mt 13,8). Der gute Boden, der wirkliche Humus, hat alle Anzeichen der *humilitas*, der Demut der Magd, wie Maria im Magnifikat sagt. Er ist das beste Beispiel für bereites Gehör und vollkommenen Empfang, er öffnet sich allem, was kommt: Der Pflugschar, dem befruchtenden Samen, dem nährenden Regen. Der Humus lässt sich umgraben, er ist rein und unvermischt, ohne eigenen Willen: er ist ein jungfräulicher Boden. Wenn aber dieser Boden das Korn empfängt, dann vereint er sich mit ihm, beide paaren sich, so dass der Samen sich in ihm auflöst und umgekehrt, der jungfräuliche Boden wird bräutlich, und beide sind unzertrennlich.

Aber keine Hochzeit ohne Mutterschaft. Die Scholle heiratet das Korn, das sie als Keim durchdringt, sie macht Platz in sich, gebiert und schenkt ihre eigene Substanz. Das haben wir erkannt: Die *gute Scholle* aus dem Gleichnis ist das wunderbarste Bild der Maria, sie ist die jungfräuliche Scholle, die Braut, die Mutter-Erde. Als solche ist sie das Urbild des Jüngers. Also kann ich nur bei Maria lernen, welche die Grundhaltung desjenigen sein soll, der Jesus nachfolgen will. Von dort aus, vom Leib Marias, vom Leib der Mutter-Erde, wo der Wille Gottes vollbracht wird, beginnt die ganze Menschheitsgeschichte mit einer großen Geburt. Jetzt ist meine Geschichte, mein Jetzt, wie der Leib Marias, so wie im akathistischen[12] Hymnus gesungen wird: *Größer als der Himmel, du vom Geist erleuchteter Tempel*. Aber diese Erde wird erst durch Lobgesang zugänglich, ein Instrument der Erkenntnis in beiden Bedeutungen des Wortes.

*Meine Seele preist die Größe des Herrn, und mein Geist jubelt über Gott, meinen Retter!*

Die „Zeit zum Singen" erreicht für Maria ihren Höhepunkt im Schweigen, denn dort findet jeder Lobgesang seine Erfüllung. Bereits der Gesang, der aus ihrer geheimen Schwangerschaft entsprang, war gänzlich von der unaussprechlichen und noch unbekannten Gegenwart bestimmt Jetzt aber, da das Wort selbst sich der Welt kundtut, schweigt Maria.

---

12 akathistos. Berühmter byzantinischer Kirchenhymnus, Lobgesang auf Maria.

## *Die Geburt Jesu* (Lk 2,1–20)
## *Der Lobgesang wird zur staunenden Bewunderung*

Marias ganzes Wesen zittert vor Freude und jubelt, da Unaussprechliches geschieht. Daher kündigt der Engel das Ereignis erst den schweigsamsten unter den Menschen an, den Hirten, und fordert auch sie zum Jubeln auf:

*Denn ich verkünde euch große Freude, die dem ganzen Volk zuteil werden soll: heute ist euch der Retter geboren... Er ist der Christus, der Herr...*
*und plötzlich war bei dem Engel eine große himmlische Schar; sie lobte Gott und sprach: Verherrlicht ist Gott in der Höhe, und Friede ist auf der Erde bei den Menschen, die er liebt!* (Lk 2,10–14)

Seit Jesu Geburt in der Stille der Weihnacht hat das Licht die Finsternis aufgesucht, alle Nächte des Menschen sind erleuchtet. Wie für Maria ist jetzt auch für jeden Menschen „Zeit zum Singen". Die Kirche singt ohne Unterlass, da sie Marias Schoß ist, wo sich der Mensch einstimmen lässt. Aber zu Weihnachten stoßen die gesungenen Worte fortwährend an die Grenzen des Unaussprechlichen, manchmal ist schon der Klang des Gesangs jenseits des Sagbaren, andere Male ergeben sich im Wortlaut solche Widersprüche, dass der gekreuzigte Verstand sich spontan der stillen Kontemplation hingibt. Denn alles an diesem Mysterium ist widersprüchlich und dem Verstand nicht zugänglich: Maria ist Jungfrau und Mutter; das Wort Gottes, außerhalb der Zeit durch den Vater ohne Mutter gezeugt, wird heute in der Zeit durch eine Mutter, aber ohne Vater geboren; Gott wird Mensch, damit der Mensch Gott wird; die endliche Natur des Menschen findet erst zu ihrer Fülle, indem sie sich der Unendlichkeit Gottes öffnet; da er nach seinem Bilde geschaffen ist, hat der Mensch teil an der Gottesnatur und wird erst er selbst durch Vergöttlichung; bei der Geburt Christi im Fleische wird die ganze Schöpfung durch göttliche Energie durchdrungen, die alles erneuert und überall die Herrlichkeit Gottes einflößt; der Ewige und Grenzenlose, der über den Cherubinen thront, hat seine Wohnstatt im Herzen des Menschen genommen.

*Die Jungfrau gebärt heute den Ewigen,*
*und die Erde bereitet dem Unerreichbaren eine Grotte.*
*Engel und Hirten loben ihn,*
*und die Magier folgen dem Stern:*
*Denn Du bist für uns geboren*
*Neugeborenes, Gott der Ewigkeit!*
(Kondakion von Weihnachten)

Vor so vielen Widersprüchlichkeiten, die für den Verstand unvereinbar sind, kann er nur aufgeben und loslassen. Aber gerade das hat der Hymnendichter gewollt. Von „begeisterter Freude" erfasst, führt er den Sänger von einem Gedanken, von einem gegensätzlichen Bild zum anderen, so dass inmitten dieser Gegensätze kein Platz mehr ist für eine logische Überlegung, der Verstand aufgeben und schweigen muss und der staunenden Bewunderung weichen muss.

Da vereinigen sich Intellekt und Herz, was gesungen wurde, wird jetzt erlebt: Aus der Liturgie wird ein Eintauchen in göttliche Herrlichkeit! Hier kann der Mensch zutiefst verändert werden: Er ist von seiner äußeren und weltlichen, wilden und hin- und her gezerrten, melancholischen Psyche weggekommen, und bei seinem Geist-Herzen angekommen, das jenseits der Widersprüche eins ist, es wirkt durch Ergriffenheit, seine Substanz ist Frieden und Freude.

## *Anders und anderes sehen*

So führt uns das Herz der Kirche zum Herzen Marias, denn sie sind eins. In diesem Raum des Schweigens wird die „Zeit zum Singen" zu einer Zeit der Bewunderung, beide bestehen nebeneinander: Man singt voller Bewunderung, aber häufig ist die Bewunderung wie ein Gesang ohne Worte. Bei Lukas (Lk 2,51) heißt es: *Und seine Mutter behielt all diese Worte in ihrem Herzen.* Dieses „Behalten im Herzen" kennzeichnet Maria am besten, es ist von zentraler Bedeutung für die ganze hesychastische[13] Tradition. Wie wir es bereits erwähnten, ist diese Haltung die Grundhaltung der ganzen Bibel, die Haltung des Menschen vor Gott: *Höre, Israel*! (Dt 6,4) Hier versammelt Maria in sich die ganze Menschheit, die sich vor der Wiege des gerade erweckten Lebens verneigt. Sie ist die Mutter der Lebenden und schenkt Gott endlich das „Ja", das der Mensch seit Adam und Eva nie völlig zu geben gewusst hat. Bei der Verkündigung war das Gehorchen ohne Grenzen, bei der Geburt ist es zu staunender Bewunderung geworden. Zunächst musste der Mensch vollkommen mit Gott übereinstimmen, damit die verlorene Harmonie wiedergefunden wird, den schöpferischen Klang, der das Geschöpf mitschwingen lässt und auf gleiche Wellenlänge bringt. Diese himmlische Bewunderung, da die Weisheit vor ihrem Schöpfer tanzt, ist zu Weihnachten mit Jesus in das Herz des Menschen – jedes Menschen – hinabgestiegen, und war zuerst in Marias Herz.

Staunende Bewunderung ist Marias Dauerzustand. Wir müssen von ihr lernen, indem wir ihren Weg einschlagen Besser können wir es nicht lernen, als indem wir zunächst auf den blicken, der eben geboren wurde und jetzt *alles in allem wird, und alles wird durch ihn, in ihm und für ihn sein*. Aber allein der Blick der staunenden Bewunderung wird es verstehen, diese immer in allen Dingen, in allen Wesen, allen Geschehnissen entstehende Gegenwart zu erkennen. Alles findet seine Ent-

---

13 „hesychastisch" bedeutet Frieden, Schweigen, ein Leben des Gebetes, der Askese, des spirituellen Kampfes und der Vergöttlichung des Menschen, wie die Wüstenväter es erarbeiteten.

stehung, seinen Sinn und seinen Endpunkt nur in Ihm. Dafür ist ein kindlicher Blick vonnöten, der Blick Marias, das Kind schlechthin. Ihre staunende Bewunderung ist der Schlüssel zum geheimen Königreich in der Mitte von allem, der einen anderen Blick auf die Welt erschließt.

Diese neue und erschütternde Art der Erkenntnis versenkt den Beter zunächst in das Schweigen des eigenen Ichs, indem die Sehnsucht, die Triebe, die Gedanken zum Ende kommen, und dann in das Schweigen angesichts des Nie-Gesehenen. Selbstbefreiung, volle Ergriffenheit durch den Anderen, Jungfräulichkeit-Mütterlichkeit. Durch die kontemplative Betrachtung der Geburt Christi in uns selbst und in allen Dingen werden wir zu unserem eigenen Mysterium geführt, zu unserer wahren Identität, und die Bewunderung ist der bevorzugte Weg dorthin. Man wird, was man betrachtet, und deshalb *spiegeln wir alle mit enthülltem Angesicht die Herrlichkeit des Herrn und werden so in sein eigenes Bild verwandelt, von Herrlichkeit zu Herrlichkeit, durch den Geist des Herrn.* (2 Kor. 3,18)

Solange der Mensch wie ein Gefangener seines egozentrischen Ichs an sich selbst haftet, hat er kein Gesicht, sagt der heilige Gregor von Nazianz (4. Jh ): Er ist nur ein unförmiges Chaos und trägt die Züge des Tieres. Die staunende Bewunderung aber ist wie ein Licht, das die Ichbezogenheit löst und den Menschen immer weiter zur Befreiung führt, so dass er dem göttlichen Angesicht nach und nach transparent wird. Von dieser wachsenden Intimität ist bei Paulus die Rede, wie der Mensch durch die Geburt Christi zu sich selbst erweckt wird. Der Mensch bekommt sein wahres Angesicht erst durch das Erstrahlen der Gegenwart Christi in ihm, und das bedeutet, dass dieser Mensch gerade jetzt zu einer einmaligen Person wiedergeboren wird. Deshalb leben alle Heiligen so wie Maria in dem Zustand der staunenden Bewunderung, denn so werden sie vergöttlicht. Die staunende Bewunderung ist ein Lob ohne Worte oder das Lob, das in Fleisch, Blut und Atem des Menschen übergeht, denn der Bewundernde ist in Gott und wird ihm angeglichen.

## *Die heilige Begegnung* (Lk 2, 22–38)

Vierzig Tage nach der Geburt des Kindes bringt Maria es zum Tempel nach Jerusalem, wie vom Gesetz des Mose vorgeschrieben, denn jedes Erstgeborene gehört Gott (Ex 13,2). Vierzig Tage: genug Zeit für Maria, alles „in ihrem Herzen zu behalten". Und jetzt hat es ganz den Anschein, als solle der Ritus der Darstellung im Tempel ihr den letzten tiefen Sinn ihrer staunenden Bewunderung offenbaren. Wer bewundert, erfährt Gott, sagten wir bereits, denn staunende Bewunderung heißt Selbstentäußerung, Befreiung, Armut, Loslassen, es entsteht Raum, in den der ganz Andere einzieht. Indem Maria Jesus dem Vater darbietet, wird ihr die Gnade geschenkt, in das Geheimnis der Dreieinigkeit eingeweiht zu werden. Schon die bewundernde Betrachtung des Kindes in der Krippe gab ihr zu verstehen, dass Gott in absoluter Entäußerung zum Menschen kommt, dass Er sich dadurch offenbart, dass er die Göttlichkeit ablegt, dass Gott ganz arm ist an allem, sogar am Sein. Das besingt später die frühe Kirche in einer ihrer ersten Hymnen, aus der der heilige Paulus zitiert:

*Er war wie Gott, hielt aber nicht daran fest, Gott gleich zu sein, sondern entäußerte sich, wurde wie ein Sklave und den Menschen gleich... Er erniedrigte sich und war gehorsam bis zum Tod, bis zum Tod am Kreuz.* (Ph 2, 6–11)

Indem Maria den Sohn dem Vater schenkt, betrachtet und erlebt sie das gleiche Mysterium: Wie Jesus sich selbst ganz verleugnet, um sich der Menschheit zu schenken, so gibt Er sich heute dem Vater im Tempel hin, und in Ewigkeit im Himmel.

Maria geht in der großen Bewegung des Sich-Verschenkens vollkommen auf und entdeckt immer mehr den tiefen Sinn ihrer Mutterschaft und des Lebens, das sie weiter hervorbringen wird bis zum Tod und der Auferstehung Jesu. Durch Maria nimmt auch jeder Mensch an der gleichen Erfahrung teil und ist aufgerufen, danach zu leben. Denn darum geht es: Das Leben zu lernen! Bei Jesus, der das Leben ist (Jh 14,6), lernen wir, dass leben bedeutet, in diese Bewegung zum anderen hin einzutreten, die Liebe schlechthin ist. Innerhalb der göttlichen Dreieinigkeit *besteht das Sein der drei Personen wesentlich im Sein der jeweils anderen,*[14] durch gegenseitige volle Hingabe. Wie in einem verliebten Tanz geht jeder zurück, damit der andere voll zur Geltung kommt: und dadurch kommt er selbst auch voll zur Geltung[15] In Gott ist keinerlei Rückzug in sich selbst, sondern alles ist Geschenk und Offenheit. Zu sich kommen heißt den anderen erkennen, der Wesenskern ist Liebe, Kommunion, Opferung.

Aber inmitten dieser gänzlichen Entäußerung kommen auch die ganze Freiheit in Gott und die Quelle unendlicher Freude zum Ausdruck. Bis hierin mussten wir vordringen, bis zur Wurzel des Seins, um den einzigen und letzten Grund des Lobpreises zu entdecken. Also gibt es keinen Bruch zwischen der Bewegung, in der Maria das Kind dem Vater weiht und der, in der sie es in die Arme des greisen Simeon legt (Lk 2, 25–28). Simeon ist wie ein Symbol unserer alten Welt, die unter der Last von tausend Jahren der Suche und des Wartens, des Gebets und der Sehnsucht müde zusammenbricht und in einer Sackgasse auf der Stelle tritt. Maria hat die Antwort, und von ihr bekommen wir sie. Simeon, der auf der Grenze zum Tode steht, schenkt sie den Lebendigen Der schwankende Greis hält die ewige Kindheit in den Armen, und sein Herz ist voller Bewunderung:

---

14 F. Varillon, *Joie de croire*, Centurion, p. 139.
15 O. Clément, *Questions sur l'homme*, Sigier, p. 34.

*Nun lässt du, Herr, deinen Knecht,*
*wie du gesagt hast, in Frieden scheiden,*
*denn meine Augen haben das Heil gesehen,*
*das du vor allen Völkern bereitet hast.*
(Lk 2, 29–31)

Der bewundernde Mensch hält Gott in den Armen, d.h. in seinem ganzen Wesen. Er hat keine Angst vor dem Tod mehr und überlässt sich ihm in Frieden. Dieser Greis erstrahlt fortan durch den, der in ihm wohnt, der ihn über die Gegensätze "jung und alt", „Leben und Tod" hinweggebracht hat. Er ist der wahre Weise, der die Zeit überwunden und sich davon befreit hat. Dieser Mensch altert nicht, er reift und erfährt eine seltene Jugendlichkeit durch die Verwirklichung seines Angesichts der Ewigkeit. Er erreicht den, der in ihm wohnt und kein Alter kennt. Weit davon entfernt, im Vorzimmer des Todes dahin zu leben, lässt er los und überlässt sich *dem Wesen Gottes, das unser Werden ist* (Eckhart, 13. Jh.). In der gegenseitigen Hingabe des Menschen an Gott und Gottes an den Menschen wurzelt die Fruchtbarkeit der Liebe, die ewige Geburt des Menschen in Gott, ein Wachsen ohne Ende. Was der alte Mensch dann betrachtet, ist nicht erfassbar und keinem Verstand zugänglich. Er kann sich oft nur noch durch ein stilles Lächeln ausdrücken, wird zu einem Licht für seine Umgebung und zieht die anderen durch seine Ausstrahlung geheimnisvoll an, er wird dafür bewundert und geliebt, dass von ihm Unaussprechliches ausgeht… Der Greis Simeon am Anfang des Neuen Testaments ist nach Maria der erste, der durch seinen bewundernden Gesang bekundet, dass der Prüfstein des Lebens die Freude ist. Echte Jugendlichkeit ist ab jetzt denen vorbehalten, die den Weg einschlagen.

## *Die Hochzeit in Kana in Galiläa* (Jh 2, 1–11) *Liebe und Freude sind untrennbar*

Der Weg zu ewiger Jugend und göttlicher Herrlichkeit, den Maria einschlug, steht allen offen, und Maria brennt darauf, ihn zuerst ganz Israel und dann der ganzen Welt zu verkünden. In Wahrheit gibt es in vielen Formen nur einen Weg zur Herrlichkeit Gottes, und das ist die Liebe. Hier kann man etwas erahnen, was nur die Erfahrung zeigt: die Wechselwirkung der Liebe und der Verherrlichung. Liebe und Freude sind untrennbar, die eine führt zur anderen, wo geliebt wird, herrscht Freude, und wo es keine Freude gibt, wird es auch nicht viel Liebe geben. Wahrscheinlich zeigen sich beide am Ende des Weges als wesensgleich. Wo könnte man das alles besser intuitiv erfahren als auf einer Hochzeitsfeier? Auf solch einer Hochzeitsfeier also, in Kana in Galiläa, wo sie eingeladen waren, bittet Maria Jesus, zum ersten Mal seine Herrlichkeit als Messias zu offenbaren! Wie soll das geschehen? Auf der Hochzeitsfeier dieses jungen Paares geht der Wein aus, das Symbol der Freude! Maria merkt es nicht nur, sie empfindet es als Katastrophe. Zwischen den Zeilen spüren wir die starke Betroffenheit, als sie sich an Jesus wendet: *Sie haben keinen Wein mehr!*

Um den Text gut zu verstehen, sollte man wissen, dass beim traditionellen jüdischen Mahl zwei Becher Wein gereicht werden. Der erste Becher wird vom Vorsitzenden am Anfang des Mahls weitergereicht, wenn das Brot gebrochen wird: Brot und Wein sind Zeichen des Willkommens, der Gastfreundschaft. Der zweite Becher wird am Ende des Mahls gereicht, er wurde „eucharistische Opferung" genannt, weil er Segen und Danken bedeutete (und Eucharistie bedeutet Danksagung). Als Jesus das letzte Abendmahl mit den Aposteln einnahm, nahm Er jenen zweiten Becher, *sagte Dank und segnete ihn mit den Worten: Dieser Becher ist der neue Bund in meinem Blut, das für euch vergossen wird.* In Kana war man bereits am Ende des

Mahls angelangt, und jetzt fehlte der Wein für den zweiten Becher, der Wein der Danksagung! Daher Marias Fürsprache: "Sie haben keinen Wein mehr für die eucharistische Danksagung." Und dann versteht man Jesu Unruhe besser, denn dieser eucharistische Becher wird später auch der Becher des heiligen Abendmahles sein. Deshalb sagt Jesus zu Maria: *Meine Stunde ist noch nicht gekommen.* Und da fängt alles an.

## *Gott im „Hier" und „Jetzt"*

In dieser tragischen Situation, in der das Leben in seinen Grundbedürfnissen bedroht wird, findet Maria erneut den einzig möglichen Rettungsweg, indem sie sagt: *Was er euch sagt, das tut.* Sie empfiehlt ihre eigene Grundhaltung weiter. das Hören auf das Wort und das Handeln danach. Dadurch drängt sie Jesus dazu, seine Sendung zu erfüllen und den Menschen dazu, als Jünger zu leben. Sie wird zur Mutter der Lebendigen, zur großen Gebärerin und Mittlerin einer neuen Menschheit, aber auch zur Braut, zum *Rest Israels*, das sich Gott hingibt und ihm ermöglicht, die messianische Zeit, die von den Propheten angekündigte „Stunde" einzuläuten. *Dann wende ich das Geschick meines Volkes Israel Sie pflanzen Weinberge und trinken den Wein.* (Amos 9, 14) Diese Stunde nimmt Christus jetzt doch auf sich, da in Maria das Herz der Menschheit bereit ist, sie aufzunehmen. Jetzt beginnt die neue Zeit bis zum großen eschatologischen Fest der ewigen Hochzeit, die der Prophet Jesaja angekündigt hat und bei der der neue Wein reichlich fließen wird (25,6).

Vielleicht hätten wir uns die Erscheinung einer apokalyptischen Herrlichkeit vorgestellt, um diese großartige „Stunde" des Messias einzuläuten, die durch die Jahrhunderte so sehnlich erwartet und angekündigt wurde. Jedoch durch die Menschwerdung Gottes ist alles radikal neu: Diese „Stunde" ist das große „Hier und Jetzt", die ewige Gegenwart, denn *das*

*Reich Gottes ist mitten unter euch*, auch im kleinen Detail, in der unbedeutenden Bewegung, im bescheidenen Alltag. Jesus steht vom Tisch auf und sagt: *Füllt die Krüge mit Wasser! ... Schöpft jetzt, und bringt es dem, der für das Festmahl verantwortlich ist!* Ein einfaches, alltägliches Geschehen. Und trotzdem: Aus diesen einfachen Gesten des Lebens, die wie diese Krüge offen und selbst leer sind, schöpft Christus *Ströme vom Wasser des Lebens*, die Gnade der Liebe und der Freude, sechshundert Liter Wein auf einmal!

Alles, absolut alles in unserem spirituellen Leben beruht auf dieser Wandlung. Hier liegt das Geheimnis: in der Wandlung des Lebens in das Leben Gottes; aus dem einfachen Wasser des Alltags, das geruchlos, farblos und geschmacklos ist, in den Wein der funkelnden Freude, die jeden Augenblick unserer Zeit tränkt! Soll sich uns aber die „Stunde" offenbaren, müssen wir zunächst aus dem Kelch des Lebens trinken, so wie er sich Stunde um Stunde anlässt, ihn empfangen und vom ganzen Herzen akzeptieren (Mt 20,22). Dann wird das gewöhnliche Wasser Reinigung bringen, es offenbart sich als der Ort der Askese und der Übung, es hat die Kraft einer Taufe für heute. Der Weg ist immer „hier und jetzt", oder es gibt ihn nicht! Heute, zu jeder Stunde, ist es mir anheim gestellt, *alles zu tun, was er mir sagt*, das Vorkommende von Augenblick zu Augenblick anzunehmen und ichleer zu werden wie die Krüge , um dem Ereignis Platz zu machen und es ohne Klage oder Urteil zu empfangen Derjenige, der alles so annimmt, und wäre es das Unannehmbare, kann sehr weit in die strenge Askese voranschreiten, welche das Ego umwandelt, aus dem Alltagstrott und der Schwere befreit.

## *Das Leben ist ein Bund mit Gott*

Derjenige indessen, der das Ereignis nicht nur annimmt, sondern ihm entgegengeht, es liebt und segnet und ihm Dank sagt, weil er im Hintergrund von allem eine Gabe Gottes sieht, der verwandelt das Wasser in Wein. Wie der heilige Gregor von Nyssa sagt: *Der Durst des Geliebten ist so groß, dass ihm der Becher nicht genügt, sondern er muss in den Weinkeller und seinen Mund an den Gärbehälter halten, der übervoll ist mit berauschendem Wein*. Dann schwankt alles, das Gewöhnliche gilt nicht mehr, die Grenzen verschwinden, das Mysterium der Liebe ergreift alles, tut sich durch alles kund. Der mystische Taumel mag nur einen Augenblick dauern, aber die göttliche Umarmung wird zum Inhalt einer jeden Stunde für den, der sich dem Ereignis weiht. Der immerwährende Lobpreis durchtrennt die Kontinuität der Zeit, durchlöchert das Absurde und das Nichts und öffnet den Zugang zu dem unterirdischen Grundwasser einer unbedingten Freude.

Jedoch ist jede Verwandlung auch ein Tod. Wie jeder weiß, muss man, um Wein herzustellen, die Trauben ernten, zerquetschen und langsam vergären lassen. Wer sich im Lobpreis übt, obwohl ihn das Schicksal trifft und es ihm schlecht geht, weiß, welche Qual er durchmacht, welche Entäußerung er ständig erreichen muss. Diese Übung bringt die höchste Loslösung vom Ego, steht unserem Lebensdrang entgegen, sie kreuzigt das Ego. Dieser Mensch ist ein Jünger, er folgt Christus nach, der den Wein in sein Blut verwandelt, denn *es gibt keine größere Liebe* (und keine größere Freude), *als wenn einer sein Leben für seine Freunde hingibt* (Jh 15,13). Vergessen wir es nicht: Indem er „Eucharistie" feiert, d. h. Dank sagt, verwandelt Christus beim heiligen Abendmahl den Wein in sein Blut und stirbt am Kreuz, um seinen Vater zu *verherrlichen*. Die „Stunde" ist vollbracht (Jh 13,1). Es gab zu Kana keinen Wein mehr, und am Kreuz wird das Blut bis zum letzten Tropfen vergossen. Als aber der Zenturio das Herz Christi durchbohrt, stirbt Christus und gibt der Welt seinen Geist: Das Blut wird zum Feuer des Geistes, denn *stark wie der Tod ist die Liebe; ihre Gluten sind Feuergluten, gewaltige Flammen* (Ct 8,6). Jesus stirbt, und ich atme Gottes unfassbare Liebe ein, der stirbt, damit ich lebe.

Indem wir die Kommunion mit dem Leib und dem Blut Christi so wie mit dem Feuer des Geistes während der Liturgie empfangen, werden wir selbst ganz verwandelt. Unser Leib wird zum Leib Christi, sein Blut fließt durch unsere Adern, und der Atem seines Geistes belebt uns. Christus, der bei der Hochzeit zu Kana sitzt, ist der wahre Bräutigam, der den Menschen sucht und in sein Ostern, seine eigene Verwandlung mitnimmt. Jeder von uns ist zu der *Hochzeitsfeier des Lammes* (Apg 19,9) eingeladen und wird mit ihm *zu einem Leib* (Mt 9,6). Die Eucharistie ist unsere Substanz, leben heißt in allen Dingen Dank sagen, das Leben durch immerwährenden Lobpreis in ein Leben der Ersten Wirklichkeit verwandeln. *Was er euch sagt oder tut*, es kennzeichnet also eine neue Art zu leben, die Wesensart Marias, in der der Mensch sein Leben auf Gottes Wort, auf Christus, aufbaut, der die einzige Quelle jeder Verwandlung ist, das Mysterium der Hochzeit des Schöpfers mit seinem Geschöpf.

## *Maria unterm Kreuz*
## *Ein Sprung auf dem Weg*

Diese Hochzeit, bei der Gott zum Menschen wird und der Mensch zu Gott, setzt notwendigerweise irgendwann einen qualitativen Sprung voraus. Denn es gibt zwischen Gott und dem Menschen keine „natürliche“ Kontinuität: *Fleisch und Blut können das Reich Gottes nicht erben, das Vergängliche erbt nicht das Unvergängliche.* (1 Ko 15,50) Der Weg führt durch den Tod.

Das Kreuz ist zwar auf jeder Stufe des Lobpreises gegenwärtig, wie wir sagten. Schon bei der Verkündigung mit dem *Freue dich* folgte Josefs Verzweiflung (Mt 1, 18–20), schon bei der Geburt nahm das Holz der Krippe das Holz des Kreuzes vorweg und die Windeln das Leichentuch. Aber der alte Simeon sagt bei Jesu Darstellung im Tempel noch mehr voraus: *Dir selbst aber wird ein Schwert durch die Seele dringen* (Lk 2,35) – ein Bruch wird also angekündigt, es kommt der Augenblick, an dem ein Sprung nötig wird.

Das „Ja" des Anfangs setzt die Entscheidung des Menschen voraus, dann gestaltet der Mensch sein Leben auf dem Weg mit seinen Mitteln und versucht die tiefere Erkenntnis zu erreichen; aber eines Tages kommt dieser Mensch zur Reife, und Gott greift ein: *Als du noch jung warst, hast du dich selbst gegürtet und konntest gehen, wohin du wolltest. Wenn du aber alt geworden bist, wird dich ein anderer gürten und dich führen, wohin du nicht willst.* (Jh 21, 18) Jetzt heißt es, sich den Händen Gottes zu überlassen, es wird die letzte Stufe erreicht, bei der die geheimnisvolle, noch unbekannte Befreiung beginnt. Der Mensch hat sich in absoluter Zuversicht Gott ganz überlassen: „Mach mit mir, was Du willst!", oder nach dem gewaltigen Wort des großen Weisen: *Höchste Gefügigkeit, um zum Spielball der zufälligen Umstände zu werden.* (Lao Tse, 6. Jh. v. Ch.) Jetzt sterben das Ego und jeder Eigenwille. Nach diesem Bruch, wenn der Mensch wirklich losgelassen hat, wird Leben in Fülle entstehen: *Wenn ihr aber durch den Geist die sündigen Taten des Leibes tötet, werdet ihr leben.* (Röm 8,13) Die Natur des Menschen muss von Grund auf neu gestaltet werden, soll der Mensch göttliches Leben leben. Der Mensch wird nicht zu Gott durch einfache moralische Besserung. Es geht um Wandlung an der Wurzel unseres Seins. Jesus drückte dies an dem erschütternden Beispiel des Weizenkorns aus:

*Amen, amen, ich sage euch:*
*Wenn das Weizenkorn nicht in die Erde fällt und stirbt,*
*bleibt es allein;*
*wenn es aber stirbt, bringt es reiche Frucht.*
*Wer an seinem Leben hängt, verliert es.*
*Wer aber sein Leben in dieser Welt gering achtet,*
*wird es bewahren bis ins ewige Leben.*

Diese Worte sagen alles, Christus spricht sie zunächst in Bezug auf sich selbst, nicht, weil er eine Katastrophe voraussieht, sondern kurz vor der Stunde, in der Er durch Leid, Tod und Auferstehung *verherrlicht* werden soll (Jh 12, 24–25). Nichts ist fruchtbarer als aktive Hingabe. Wenn das Weizenkorn sich widerstandslos dem Boden überlässt, wenn es sich ihm von innen her verbindet und Feuchtigkeit, Kälte, Finsternis und Fäulnis hinnimmt, dann beginnt das große Keimen, dann entsteht Leben! So lautet das unausweichliche Gesetz der ganzen Schöpfung. Wie das Weizenkorn schrumpft die Raupe in ihrem Kokon zusammen, sie erleidet Schmerzen, alles in ihr zerreißt und zerfällt, nach und nach verwandelt sich ihr Körper, sie wird zur Puppe, und drei Wochen später fliegt ein wunderbarer Schmetterling zum Licht…

Für den Menschen ist alles in der Natur gleichnishaft, die Natur ist wie eine offene Bibel, die ihm seine eigene Zukunft offenbart. Warum ist es so, warum muss man sterben, um zu leben? Weil der Grund des Seins, der Grund aller Dinge die Liebe ist. Das Geheimnis des Lebens heißt Hingabe und Geschenk, *stirb und werde* ist sein Kern. Das kann freilich nicht verstanden, sondern nur erfahren werden. Also wird es nur denen geschenkt, die den Weg einschlagen Auf sie wartet eine ganz unbekannte und neue Freude, wie sie nie im äußerlichen Leben zum Vorschein kommt. Für den, der sich einweihen und dahin führen lässt, wohin er aus freien Stücken wohl nicht hingehen würde, gibt es die Freude der Eingeweihten. Es ist ein Gipfel der Freude, wo aber der Lobpreis mit dem Leid einhergeht.

## *Wer nicht für mich ist, ist gegen mich* (Mt 12,30)

Der Jünger Christi wird von Maria dahin geführt. Wir wissen nichts über Marias Gefühle unterm Kreuz ihres Sohnes. Das wird ewig ihr ureigenstes Geheimnis bleiben. Vielleicht können

Eltern etwas davon erahnen, wenn sie es in ihrem väterlichen oder mütterlichen Herzen zu ergründen versuchen? Manchmal wird auch aus der Transparenz einer alten Ikone, aus einem Blick oder einer Geste etwas vom Abgrund sichtbar. Aber allein die Erfahrung eines jeden kann offenbaren, was einzigartig und unaussprechlich ist. Selbst die Worte des Evangeliums können hier nur eine Richtung andeuten. Solange der Mensch nicht mit seinem ganzen Wesen das unbedingte „Ja" zum Geschehen gesprochen hat, bleiben ihm Christi Worte fremd, äußerlich, oder scheinen ihm widernatürlich:

*Wer mein Jünger sein will, der verleugne sich selbst, nehme sein Kreuz auf sich und folge mir nach. Denn wer sein Leben retten will, wird es verlieren; wer aber sein Leben um meinetwillen und um des Evangeliums willen verliert, wird es retten.* (Mk 8,34–35)

Wir finden hier die gleiche Beharrlichkeit wie in dem Text über das Weizenkorn. Aber hier ist das Motiv klar ausgedrückt: um meinetwillen. Wir haben einen der bedeutendsten Texte des Evangeliums vor uns, einen Dreh- und Angelpunkt und den Schlüssel zum asketischen Weg des Menschen. Wie unpassend klingen diese Worte in unserer Zeit der „Selbstbehauptung", der „persönlichen Entfaltung", der „Bewusstseinserweiterung", der „kosmischen Verbindung" und all der Bewegungen zur „Erweckung" des menschlichen Potenzials"!

Worum geht es aber im Evangelium? Es geht darum, einzig und allein Christus zu wählen. Leben, das ist Er. Und die einzige Möglichkeit, Ihm zu leben, besteht darin, sich selbst zu verleugnen, d. h. das Ego, das das wirkliche Leben und die Fülle des Menschseins verhindert. Im Alltag lebt der Mensch, selbst wenn er sich als gläubig bezeichnet, als ob es Christus nicht gäbe, er hat andere Ziele, andere Sehnsüchte, sein ganzes Leben sagt wie der Apostel Petrus: *Diesen Menschen kenne ich nicht!* (Mt 26.74) Weil Petrus sich selbst nicht verleugnen will, verleugnet er Christus. Er verliert sein Leben, indem er es retten will. Im griechischen Originaltext kommt das Verb „verleugnen" immer wieder vor, wenn es darum geht, Christus zu verleugnen oder sich selbst. Das Evangelium möchte also hier eine Alternative aufzeigen: entweder sich selbst oder Christus verleugnen. Man kann den einen nicht bejahen, ohne den anderen zu verleugnen, denn *das Begehren des Fleisches richtet sich gegen den Geist, das Begehren des Geistes aber gegen das Fleisch; beide stehen sich als Feinde gegenüber.* (Gal 5,17)

Wo ist der Grundstein meines Lebens? Ist das mein „Ego" oder Christus? Für wen oder wofür lebe ich? Diese Frage Christi, welche die normative Basis des Glaubens ist, an das Gewissen des Menschen beschwor die Ära der Märtyrer herauf. Der Märtyrer wird durch die Umstände zur Alternative einer entscheidenden Wahl getrieben: Entweder er verleugnet sich selbst oder Christus. Daher gingen sie singend in die Arena, erwarteten schon die Fülle der Freude, da das Leben nicht sterben kann! Aber wenn das Martyrium die Norm des Christentums ist, so drängt sich diese Wahl auch einem jeden von uns auf, und das sogar jeden Augenblick. Denn das Leben ist so viel wert, wie der Augenblick wert ist, und der Augenblick ist nur wert durch die Freude, aber die Freude ihrerseits kommt nur durch Christus, die göttliche Quelle jeder Freude. Das Ego ist wie ein Brunnen ohne Grund, aus dem endlos Sehnsüchte und Leidenschaften aufsteigen, es lebt von freud- und leblosen Vergnügungen; am Ende warten nur das Nichts und der Tod. Dann versteht sich, dass jedes „Nein", das man aus Liebe zu sich selber spricht, wie ein „Ja" zu Christus ist. Und in jedem Augenblick können wir zur Gnade dieser Haltung gelangen: angesichts des Komforts und der Annehmlichkeit unserer Konsumgesellschaft, der Pornographie und der Gewalt des Fernsehens, bei unserer Art zu essen und zu trinken, bei der Begehrlichkeit in den Beziehungen, bei den Gedanken und Vorstellungen und schließlich bei der tiefen Ausrichtung unseres Herzens. Die Einübung der Selbstverleugnung kann andauernd geschehen! Aber das Wichtige ist nicht, sich zu verleugnen, sondern unser Schicksal mit dem Schicksal Christi zu verbinden, damit das wirkliche Leben in uns ist.

## *Eine absolut neue Erfahrung*

Das Schicksal des Weizenkorns gleicht dem Schicksal Marias unterm Kreuz. Maria braucht sich nicht zu verleugnen, sie ist die ganz Reine, ihr „Ich“ hat sich niemals Gottes Willen widersetzt. Die Bedeutung ihrer Jungfräulichkeit lag darin, wie sie sich einmalig und endgültig für Christus entschied.

Jetzt aber entdeckt sie eine neue Art, ihre Entscheidung umzusetzen, und kann jedem Jünger einen Weg weisen. „Das eigene Schicksal mit dem Schicksal Christi verbinden“ ist für Maria ein unbedingter Vorsatz, es heißt wirklich, sie wird sich dahin führen lassen, wohin sie auf keinen Fall hingegangen wäre, und das völlig widerstandslos, sie wird keinen Zweifel, keine Frage, keinen Gedanken mehr äußern, sondern jetzt willigt sie mit ihrem ganzen Wesen in das ein, was ist und was kommt. Was ist, das ist Finsternis, dicht und so undurchdringlich, wie kein Menschenherz es je erlebte. Was kommt, ist das Schlimmste, was je ein Mensch zu ertragen hatte. Hier bleibt allein der Glaube bestehen, felsenfest, transparent, genau und scharf wie ein Diamant. Maria hängt ihr ganzes Leben an Jesu Lippen, an sein blutiges Gesicht, an seinen letzten Atemzug. Es gibt keinen anderen Grund außer ihm selbst, Maria glaubt an Ihn um seinetwegen

Unterm Kreuz stimmt Maria zu, sie tut nur noch das: aktiv zustimmen. Mit allen Fasern ihres Wesens sagt sie „Ja“. Sie steht nicht „am“ Kreuz in dem Sinne, in dem zwischen ihr und dem Kreuz noch Abstand wäre, sondern sie ist im Kreuz, in ihm, im Herzen der Glut. Maria will mit Jesus zusammen gekreuzigt werden, sie leidet mit seinen durchbohrten Händen und Füßen, seinem ganzen geschundenen Körper und seiner von der Bosheit der Menschen geschundenen Seele. Es ist die dunkelste Nacht ihres Lebens. Hochzeitsnacht des Lammes, sie sind eins wie *der Vater und ich eins sind*. Man kennt nur das wirklich, was einem in Fleisch und Blut übergegangen ist. Maria versteht auf der menschlichen Ebene nichts mehr, dafür alles durch die Erfahrung des Glaubens, die sie jetzt durchdringt.

Plötzlich erfolgt der Sprung. Sie muss auf eine andere Ebene des Gefühls und des Verstandes übergehen. Es geht um eine tiefe Wandlung im biblischen Sinne. Wenn Gott hier abwesend zu sein scheint, so um den Menschen zu erlauben, bis ans Ende seiner selbst zu gehen und seine höchsten Möglichkeiten auszuschöpfen. Wenn der Glaube allein steht und keine Stütze mehr besitzt, eröffnet sich plötzlich ein vollkommen neuer Erfahrungsraum: Was das Auge nicht sieht, ist wirklicher als das, was es sieht! Hier im Augenblick des größten Entsetzens wird der Wille Gottes erfüllt. Es ist eine Erfüllung im Sinne von „Alles ist gut, alles ist vollkommen“, während Marias Augen das Gegenteil davon sehen. Sie deutet das Ereignis nicht, sondern empfängt seine Deutung. Glaube und Liebe verbinden sich miteinander, denn *Gott durch alle Ereignisse hindurch zu lieben ist die einzige Möglichkeit, sie zu verstehen* (P. Sertillanges).

Maria wird sodann von innen her erleuchtet. Je mehr sie dem Leid zustimmt, umso mehr weiß sie sich durch dieses Leid selbst mit der Quelle jeder Freude verbunden. Es ist unmöglich zu verstehen, worin dieser Sprung des Glaubens besteht, wenn man davon keine Erfahrung besitzt. Man kann nur den Zeugen vertrauen, die sie erlebt haben, und dem Licht, das aus ihrem ganzen Wesen erstrahlt. Durch die Heiligen erfahren wir nämlich etwas über das abgrundtiefe Schweigen Marias unterm Kreuz. Weil sie mit diesem unbeschreiblichen Leid eins geworden war und ihm keinerlei Widerstand leistete, sondern sich sogar bis ins Innerste von ihm durchdringen ließ, erlebte Maria eine neue Gemeinschaft mit Jesus, eine andere, als sie sie seit ihrer Mutterschaft kannte.

Und hier, so unwahrscheinlich es sein kann inmitten wachsenden Leids, geht eine riesige Freude von einem zum anderen über. Es ist eine neue, unbekannte Freude, die nur diejenigen kennen, die so weit gehen, als ob erst der unbedingte Feuerbund mit dem göttlichen Willen den Damm der Gegensätze bricht. Jetzt gibt es nicht mehr Freude und Leid, Leben und Tod, sondern nur noch das „Ja", das alles in Freude verwandelt. Für denjenigen, der dank seines Glaubens so weit durchdringt, offenbart das Leben seine Tiefen, in denen alle Gegensätze aufhören. Das Unglück kann zum höchsten Glück werden, wie alle Mystiker gezeigt haben, aber die Vorgehensweise dieser geheimnisvollen Alchemie, worüber die Vorsehung verfügt, bleibt uns unverständlich. *Wenn mir nur noch reines Leid zukommt, sagt die heilige Thérèse von Lisieux, wenn der Himmel so dunkel ist, dass ich kein Aufklaren sehe, so mache ich daraus meine Freude! Und auch Sterben wird mein Glück sein, Leben auch, weil ich nur das will, was Gott will, alles für seine Liebe*. Rein menschlich gesehen, ist das alles unverständlich, aber aus der Annahme dieses Unverständlichen bricht die Freude hervor. Das Leid an sich ist nur ein todbringendes Kreuz, unter dem die ganze Menschheit steht, jeder von uns, die wir alle ununterbrochen an ihm sterben. Die gute Nachricht des Evangeliums besteht gerade darin, dass wir von jenem Kreuz befreit sind, weil wir unter Jesu Kreuz stehen. Nur in Ihm können wir unser eigenes Ostern erleben, die große Überfahrt über das Rote Meer, von der Sklaverei Ägyptens zum Gelobten Land, von der Hölle des Leids zum österlichen Jubel des schon jetzt Auferstandenen. Deswegen konnte der heilige Paulus diese starke Behauptung wagen: *Denn das Wort vom Kreuz ist denen, die verloren gehen, Torheit; uns aber, die gerettet werden, ist es Gottes Kraft.* (1 Kor 1,18)

## *Mariä Himmelfahrt*
## *Dem Tod verbunden sein*

Deswegen erlebt Maria am Ende ihrer Erdenreise keinen Todeskampf, keine Katastrophe. *Sie geht aus dem Leben ins Leben,* wie man im Hymnus singt. Das ist das Mysterium von „Mariä Himmelfahrt“: Maria ist auferstanden! Sie wird aus reiner Liebe eins mit dem Tod und erträgt ihn nicht mehr äußerlich wie einen sie niederstreckenden Feind. Jesus ist in das Leid und den Tod hineingegangen, Er, der mit Gott Vater und dem Heiligen Geist eins ist, um die Finsternis und die Verzweiflung in einen Weg der Auferstehung zu verwandeln. Jetzt ist für den, der den Tod bejaht, der Tod nicht mehr der verdammte Ort der Fäulnis, des Drachens und der Hölle, sondern das Brautgemach, in das die unendliche Liebe hineinging, die ab jetzt auf jeden wartet.

Maria erlebte als erste aus der Menschheit diese radikal neue Art, in den Tod zu gehen. Vollkommenes Opfer, Tod durch Übereinstimmung, Verschmelzung mit dem Bräutigam. Mit dem Tod sich zu verbinden, das ist das große Geheimnis. Hier wird der Mensch endgültig geheilt durch die Vergöttlichung seiner ganzen Person. Es gibt keine größere *Verherrlichung des Vaters!* Diese letzte „Hochzeit“ des gestorbenen und auferstandenen Christus ist der Lobpreis schlechthin, *die Stunde der Herrlichkeit.* (Jh 17,1)

Maria ist in ihrem ganzen Wesen zu diesem lebendigen Lobpreis geworden. Ihre Auferstehung nach Christi Auferstehung öffnet jetzt der ganzen Menschheit den Weg zum Himmel, der seit Jahrtausenden verschlossen war. Aber der Himmel, in den der auferstandene Christus und die auferstandene Maria kommen, das ist zuerst mein eigenes Herz, denn *das Himmelreich ist in euren Herzen.* In Christus und Maria sind wir also bereits auferstanden (Kol 3,1). Unser sterblicher Leib birgt in sich diejenigen, die *alles vollbracht* haben. Alles wartet in unserer fleischlichsten, schwersten und dunkelsten Tiefe auf eine Überwindung unseres festgelegten psychobiologischen Ichs. Es reicht, wenn der Mensch den inneren Ruf vernimmt und sich auf den Weg macht, ein wenig aus dem in ihm ruhenden Weisheitsschatz schöpft, um dem Leib zu einem Funken Bewusstsein zu verhelfen, der ihn dann von Stufe zu Stufe zum Auferstehungsleib heranwachsen lässt.

## *Leben ist Herrlichkeit*

Alles, sagt der heilige Theophanes Klausner (19. Jh.), fängt mit dem „Gefühl" dieser mysteriösen Gegenwart in uns an. Zu fühlen, dass Gott *das Leben unseres Lebens* ist (Augustinus), diese Erfahrung in sich reifen zu lassen bis zur *Wahrnehmung des Göttlichen* (P. Staniloe), die manchmal im stillen Erzittern des ganzen erwachenden Leibs gipfelt.

Dadurch, dass wir ihren Leib in uns aufnehmen, vermittelt uns Maria ihre hohe Kunst des Lobpreises, den Tanz ihrer Auferstehung. Ein *Tanz im Nicht-Tod, denn wahrlich, Leben ist Herrlichkeit,* schreibt Olivier Clément.[16] Tanz muss nicht unbedingt Gestik sein, aber er drückt den Jubel des ganzen Wesens aus, an dem der Leib teilnimmt, auch dann, wenn er unbeweglich bleibt! In diesem Sinne ist Maria der Tanz in Person, und man kann sich nicht vorstellen, sie habe das Magnifikat in strammer Haltung aufgesagt…

Marias ganzes Leben verläuft ohne Sünde, d. h. ohne Trennung von Gott, und fügt sich nicht nur spontan in den großen kosmischen Tanz der Schöpfung, sondern bildet seinen Höhepunkt. Ihre leibliche Himmelfahrt offenbart jetzt vor allen Augen, weshalb das ganze Universum tanzt, angefangen vom

---

16 *Corps de mort et de gloire*, Desclée de Brouwer, p. 140.

Tanz der Atome bis zum Tanz der Gestirne und der riesigen Galaxiennebel. In Maria erhebt sich die ganze Schöpfung, wird zur völligen Transparenz und erreicht die Fülle ihres Schicksals: nur noch Lobpreis vor dem Schöpfer zu sein. Es gibt nicht mehr Außen noch Innen, weder Materielles noch Spirituelles, sondern nur noch eine große Schwingung der Freude.

Die Bibel drückt tiefsten Einklang mit der Natur aus. In Israel wie im gesamten Orient wurde immer getanzt. Die biblischen Schriften selbst wurden zu musikalischer Begleitung verfasst, sie sollten gesungen oder zumindest rhythmisch nach mündlicher Tradition rezitiert werden. Jeder hebräische Buchstabe ist wie ein symbolischer Tanz und erlaubt es diesem glücklichen Volk, sich mit Leib und Seele vor Gott der Freude hinzugeben. Alles soll in diesen Tanz des Seins einmünden, ob bei Psalmengesang mit Händeklatschen, oder bei Sprüngen, Reigen, oder auch einfach beim Stillschweigen, da die Grenze überschritten und das Herz von einer neuen Wirklichkeit ergriffen wurde. Durch den Tanz kann der Leib das Unaussprechliche aussprechen und erlauben, das Unberührbare zu berühren, das Mysterium selbst zum Vorschein kommen lassen.

Wie der Mensch fähig ist, sich dem größten Leid ohne Widerstand zu überlassen, so kann er sich auch von der Freude überwältigen lassen. Nur wenn er die Ich-Grenzen sprengt, kann der Mensch an der neuen, überlegenen und normalerweise unbekannten Wirklichkeit teilhaben. Wenn der Leib aufhört, ein Gefängnis zu sein, wenn ihn die negativen Kräfte des Ego nicht mehr hemmen und er das Leben ganz leben kann, dann verfügt er über alle Mittel, um seiner Freude freien Lauf zu lassen, die ihn überschwemmt und Maß, Vorsicht und Gesetze der Schwerkraft hinter sich lässt. Es wird ein Gipfel der Liebe erreicht, die Liebe zeigt ihre ganze Torheit, nimmt sich jedes Recht zum Jubel und Dank heraus. Das Leben sprudelt, wird immer wieder neu geboren, erschafft unaufhörlich Schönheit und Jubel, bricht mit den falschen Errungenschaften, feiert das Neue.

Deshalb tanzt Maria, als würdige Tochter Israels und der Schöpfung, wie David vor der Bundeslade. Nichts könnte den Bund des Himmels und der Erde besser ausdrücken als der Tanz ihrer Himmelfahrt. Dieser unbeschreibliche Lobpreis, der von ihrem ganzen Wesen ausgeht, fasst jetzt ihr ganzes Leben zusammen, es gibt nichts Höheres oder anderes mehr zu sagen. Wenn Maria als erste in diesen kosmischen Lobpreis eingestimmt ist, so deshalb, weil sie ihn uns zugänglich gemacht hat, und jetzt kann jeder sofort mitmachen und braucht nicht auf die Auferstehung zu warten. Besser gesagt, der Lobpreis zeigt, dass ein schon ganz anderes Leben begonnen hat.

Der Tanz, der tiefe Jubel des Seins ist also höchst aktiv, erneuernd und revolutionär, denn durch Maria ist der Himmel auf Erden und die Welt offen. Die Welt steht nicht vor uns wie ein Pflasterstein, „Es ist so und nicht anders", sondern sie ist in unseren Händen wie ein zu schaffendes Kunstwerk in der Hand des Künstlers. Mit Christus trat ein riesiger Bruch in der Geschichte der Freiheit ein, in dieser seit den alten Griechen und Römern abgeschlossenen Geschichte, damit wir zu Mitschöpfern wurden. Durch Christi Auferstehung sind alle Grenzen weggesprengt worden, und besonders die äußerste Grenze, der Tod, wurde beseitigt. Eine von uns, Maria, bezeugt, dass dies wahr ist, und wenn wir wie sie unser Leben tanzen, dann können Hoffnung und Freude in unseren Herzen aufflackern, denn wenn selbst der Tod besiegt werden kann, dann ist alles möglich…!

## 6. Kapitel

# *Selbstverleugnung als Weg des Lebens*

*Die Begegnung mit dem Absoluten kann nur „hier und jetzt" geschehen. „Jetzt" ist der Augenblick, in der die Ewigkeit zum Vorschein kommt. „Hier" ist der Ort, wo das Unendliche vor uns liegt.*
Stan Rougier

## *An der schöpferischen Energie teilhaben*

Sind wir uns denn dessen bewusst, dass der Mensch „Macht" über Gottes Herz hat? Dass eine bestimmte Haltung die göttliche Macht in Gang bringt, ihr freien Lauf lässt und dass dann radikal Neues, ganz Unbekanntes in uns eingeht und sich um uns ausbreitet? Denn dann wird eine Heilungs- und Wandlungskraft frei, die uns aus unserem alten Leben und aus allen Gefängnissen des Ego befreit. Diese Haltung heißt Selbstverleugnung. Alle großen religiösen Traditionen der Menschheit kennen ihre absolut revolutionäre Kraft und haben sie zur Grundlage ihrer Praxis gemacht, zum Schlüssel echter Mystik, d. h. der vollen Selbstverwirklichung des Menschen. Sie hat viele Namen: das „Nicht-Handeln" in der Weisheit des chinesischen Tao, das „Nicht-Haften" im Buddhismus, der „Gleichmut" bei den Hindus, die „heilige Gleichgültigkeit" bei den Sufis; im Christentum rangiert sie unter den Vokabeln Gehorsam, Wille Gottes, Vertrauen, Ja-Sagen, Selbstlosigkeit und Demut, Feindesliebe, Gotteskindschaft usw. Es geht ganz ein-

fach um die Grundhaltung Christi selbst, der sie mit den Worten beschreibt: *Meine Speise ist es, den Willen dessen zu tun, der mich gesandt hat.* (Jh 4,34) Dieser Satz ist das Motto seines ganzen Lebens und gipfelt in der totalen Hingabe am Kreuz. *Vater, in deine Hände lege ich meinen Geist.* (Lk 23,46)
Daher konnte der heilige Paulus von Jesus sagen: *In Ihm ist das Ja verwirklicht.* (2 Ko 1,19) Uns, die wir nicht mehr wissen, was leben heißt, ist Christus gekommen, es zu zeigen Es gibt kein anderes Glück auf Erden, und derjenige, der so handelt, wird auch in die wahre Verwandtschaft mit Christus eingeführt: *Wer den Willen Gottes erfüllt, der ist für mich Bruder und Schwester und Mutter.* (Mk 3,35)

Das Wort von der „Selbstverleugnung" ist zweideutig und kann zu allerhand Passivität oder zu Arten des Quietismus führen, wie die Religionsgeschichte zeigt. Aber in Wirklichkeit ist die Beziehung zwischen Gott und dem Menschen ein Liebesbund, bei dem es höchste Aktivität erfordert, sich aus der Hand Gottes zu empfangen Es geht nicht mehr um gewöhnliches „Tun", sondern um Fruchtbarkeit auf einer ganz anderen Ebene. Bei der totalen Übergabe an den Willen Gottes kommt der Augenblick, und es geht um ein sehr wichtiges Gesetz spirituellen Lebens, *in dem der Mensch nicht mehr durch die Lehrmeister und die Schrift geführt wird wie ehedem, sondern vom Herrn selbst,* sagt der heilige Silvanos vom Athos (gest.1938). Es geht also zunächst um ein tiefes inneres Zuhören, um die geringsten Befehle des Heiligen Geistes zu vernehmen und nichts mehr ohne seinen Impuls zu tun. Dann lässt sich erahnen, wie sehr das Herz des Menschen zu einem immer brennenden Herd werden kann, weil er sich einem anderen ergeben hat, eine stets von Innerlichkeit und Tiefe geprägte Lebensweise hat. *Auf die Quelle gerichtet sein,* sagt Meister Eckhart (13. Jh.), heißt an der Schöpfungsenergie teilhaben, eine Tat *ewiger Zeugung,* die aus unserer eigenen Tiefe kommt Aus dieser Tiefe empfängt sich der Mensch in jedem Augenblick, dort gibt er sich auch hin, wenn er wirklich leben will. Darin ist er das Ebenbild Christi, des ewig Gezeugten. Das erklärt, dass er sein ganzes Leben lang in Liebe und ganzer Hingabe dem zustimmte, was man Gottes Belieben nennen könnte, wenn nicht genau das Christi ontologische Bestimmung wäre, denn er empfängt sich fortwährend aus seinem Vater. *Wer mich sieht, sieht den Vater.* (Jh 14,9) Er ist von aller Ewigkeit her und in jedem Augenblick seines irdischen Lebens der Sohn. Durch die Haltung der Selbstaufgabe teilen wir also das Geheimnis Christi selber: Wir werden zu Söhnen mit dem Sohn, und in dieser Sohnschaft zeugt uns der Vater aus Gnade, so wie er das Wort von Natur aus zeugt. Ständig wird uns die Kindschaft geschenkt, so dass auch wir immer aufnahmebereit sein müssen.

## *Was Du auch aus mir machst, Herr, ich danke Dir!*

Zu erkennen, dass wir Jesus gehören, dass er der Herr unseres Lebens ist und die Zügel unseres Schicksals hält, ruft in der Tiefe unseres Seins ein solches Gefühl der Freiheit hervor, dass sich auch in aussichtslosen Situationen Hoffnung und Vertrauen einstellen. Wer jeden Tag das Gebet Charles de Foucaulds betet: *Vater, ich überlasse mich Dir, mach aus mir, was Dir beliebt. Was Du auch aus mir machst, ich danke Dir. Ich bin zu allem bereit, ich nehme alles an*, und sich daran richtet, spürt, wie sich alles in ihm löst. Mit seiner schlichten Kraft ist dieses Gebet nicht nur die Frucht eines heiligen Lebens, sondern die Quintessenz aller Mystik. Kein spiritueller Weg, der nicht eines Tages an diesen Punkt kommt Jede Tradition drückt es auf ihre Weise aus, und jeder Jünger findet dafür eigene Worte. So kann man in dem wohlbekannten Gebet der Staretz von Optino lesen: *Herr, bereite mich vor und unterstütze mich zu jeder Stunde dieses Tages. Welche Nachrichten ich auch immer bekomme, lehre mich, sie mit ruhigem Herzen aufzunehmen, fest überzeugt, dass sie der*

*Ausdruck deines heiligen Willens sind. Dass ich in unvorhergesehenen Situationen niemals vergesse, dass mir alles von Dir kommt.*

Diese Art des Gebets, die auf einer Grundhaltung der Selbstaufgabe beruht, öffnet in uns eine Quelle der Freude. Aber umgekehrt führt auch wiederholte und beharrliche Einübung der tiefen Freude selbst unter widrigen Umständen immer zur Haltung der Selbstaufgabe. Wir müssen noch öfter diese Unbedingtheit der Freude selbst bei tragischen Umständen betonen, denn dies kommt uns so unerhört vor, ist unserem Naturell so diametral entgegengesetzt, selbst bei den Frommsten, dass man nur in kleinen Schritten vorwärts kommen kann, nach und nach bohren muss wie eine sich immer weiter drehende Spirale, die bis in die Mitte eines Taifuns gelangen soll. Der Sturm mag entsetzlich sein, die Kraft des Wirbelsturms mag schreckliche Ängste hervorrufen und den Tod bringen: Aber in der Mitte des Wirbels herrscht Friede. Wer widerruft oder revoltiert, bleibt an der Peripherie, so dass er mit in den Trubel gerissen wird. Derjenige hingegen, der sich ganz ausliefert und mit dem Verhängnis eins wird, kommt in die Mitte: Dort ist keine Bewegung mehr, und er wird völlig frei. Wir können nur Schicht für Schicht, von einer Windung zur anderen vorankommen.

## *Sich auf Gott hin öffnen*

Das Lob- und Segensgebet ist gleichsam das Bohrinstrument, die Selbstaufgabe ist die Frucht. Aber einen Zeitplan gibt es bei dieser Arbeit nicht, sondern eher Zeichen des Fortschritts. Zuerst zeigt sich die deutliche Entspannung, von der die Rede war, da wir zu unserer eigenen Erregbarkeit Abstand gewinnen. Die Befreiung setzt ein, indem eine Bresche in die Tyrannei unserer Emotionen geschlagen wird: Das Ego beginnt abzusterben. Dann ist es uns möglich, zwischen dem Aufruhr unserer labilen

Psyche, den Emotionen, und dem wahren Fühlen, das unserem Geist entspringt, zu unterscheiden. So geht der Mensch, der inmitten der schwersten Sorgen Gott vom ganzen Herzen lobt, von der seelischen Ebene zur geistigen über, verlässt die emotionale Unruhe und erfährt die göttliche Gegenwart, der er sich anvertrauen und hingeben kann.

Das ist ein sehr wichtiger Schritt auf dem Weg, denn mitten in der Not loben und danken heißt Gott um seiner selbst willen suchen und den Nächsten so lieben, wie er ist, und nicht um des Hochgefühls willen, das wir dabei empfinden. Je mehr der Mensch sich selbst loslässt, umso mehr kann er in der Liebe zu Gott wachsen und eine unbedingte Liebe entdecken. Jenseits der Emotionen erfährt er dann, worin der „Trost" des heiligen Geistes besteht: *Lichtstrahl... Gnadenquelle... sanfter Gast der Seele... sanfte Erfrischung... Rast bei der Arbeit...* (Pfingsthymne).

Durch den Lobpreis verlässt der Mensch fast ganz die Sphäre des Ego. Es braucht Zeit, um zu verstehen, dass wir die Heiligkeit nicht aus eigener Kraft erreichen können. Obwohl wir es irgendwie schon wissen, versuchen wir sogar unbewusst immer, *uns größer zu machen, als wir sind.* In allem, was wir tun, hat das Ego einen großen Anteil; selbst wenn wir vorgeben, Gott zu suchen, suchen wir uns insgeheim noch selbst. Deshalb misstraut ein echter Mystiker der großen Askese und den heldenhaften Kasteiungen, denn sie sind häufig zu sehr eine Angelegenheit der allzu menschlichen Natur und der Eigenliebe!

Der Mensch wird vom Besitztrieb beherrscht: Er will Gott besitzen, um „sich" zu verwirklichen. Das alles selbstverständlich unter dem Deckmantel des Gebets, der guten Werke und des guten Gewissens. So unentbehrlich die Schärfung der Unterscheidungskraft und die Hilfe eines Beichtvaters sein mögen, sie reichten nicht aus, wenn nicht die geduldige Liebe Gottes da wäre, die uns immer neu wachrüttelt... Eines Tages wacht man auf, da hat die Reinigung gewirkt, und es wird uns bewusst, vielleicht erst im Zuge einer schmählichen Niederlage, dass nur

Gott wirklich ist. Am Ende unserer Anstrengung steht das Nichts, und trotzdem muss man sich ganz einsetzen. Die Hingabe muss absolut sein, aber es darf daraus keine Frucht erwartet werden, und da liegt die Schwierigkeit. Der geringste eigene Gedanke oder Verdienst bildet ein solches Hindernis, dass jegliche Begegnung mit Gott unmöglich wird und uns der Weg verbaut ist.

## *Nichts sein heißt alles sein*

Was tun oder, besser gesagt, wie sollen wir sein, damit unser Ich in keiner Weise mehr einwirkt und Gott wirklich Gott in uns sein kann? Die Antwort dazu gibt Christus am Kreuz, und dann wurde sie von allen Heiligen zu allen Zeiten in die Tat umgesetzt: Sie besteht darin, zu akzeptieren, nichts zu sein. Denn aus Nichts erschafft Gott alles. Allein der heute erlebte Tod vermittelt das radikal Neue, die sofortige Auferstehung. Da, wo es kein Hindernis gibt, gibt es auch keine Krisen. Wer auf alle Ziele verzichtet und nichts sein will, wird frei von jedem Eigenwillen, er gibt sich selbst auf und gießt sich in den schlichten und reinen Willen Gottes wie in eine Form, wird dabei weit wie die Welt und schwingt in die Schöpfungsbewegung mit ein.

Selbstaufgabe heißt grenzenlose Verfügbarkeit, es geht darum, in jedem Augenblick mit dem Wirken Gottes eins zu werden, das aus dem Jünger macht, was Er will, und ihn hinführt, wohin Er will. Der Mensch, der das ganz annimmt und keinerlei Wünsche mehr hat, sondern im vollkommenen Vertrauen bleibt, hat über alle Erwartung hinaus Frieden und Glück gefunden. Was man gemeinhin in der spirituellen Tradition „Gehorsam" nennt, gipfelt in dieser Haltung, die allein dem Menschen Zugang zu den Tiefen seines eigenen Mysteriums, der Schöpfung und zu Gott verschafft.

Wenn Gott wirklich Gott in uns ohne jedes Hindernis sein kann, dann entfaltet sich die Liebe ins Unendliche, und wenn der Mensch zustimmt, nichts zu sein, dann füllt sich diese unendliche Leere mit Liebe. Das ist eine außerordentliche Entdeckung: Nichts sein heißt auch nicht lieben können. Welch subtiler Stolz liegt darin, dass wir uns für liebesfähig halten! Gott allein IST Liebe und fragt den Menschen, ob er *ein auserwähltes Werkzeug* (Apg 9,15) werden will; erinnern wir uns an die Fußwaschung – Gott kniet vor dem Menschen, um ihn zu dieser Haltung aufzufordern (Jh 13), erinnern wir uns vor allem an die Eucharistie, bei der der Mensch Fleisch und Blut Gottes aufnimmt und durch Gnade bis in den innersten Kern seines Leibes Liebe wird (Jh 6, 53–58).

Gott Gott sein lassen heißt sich lieben lassen, und *das genügt*, sagt Nikolaus Kabasilas (14. Jh.), *um der größte Heilige zu werden. Den ganzen Tag, inmitten aller Tätigkeiten, immer wieder bedenken, dass ich von der unbegreiflichen Liebe Gottes geliebt werde.* Bei der Selbstaufgabe stirbt das Ego an Entkräftung, es kann nichts „machen". Dann kann der Mensch einer ganz anderen Fruchtbarkeit, der göttlichen Fruchtbarkeit, zugänglich werden. Im Grunde gibt es für den Menschen nur eine Aufgabe, er muss sich dem göttlichen Wirken erschließen: *Ephata*, sagt Christus, *öffne dich*! (Mk 7,34), wie es der heilige Irenäus (2. Jh.) bestätigt: *Es ist Gottes, zu tun, und des Menschen, geschehen zu lassen.*

Das setzt aber voraus, dass der Mensch sich wirklich nur dieser Arbeit widmet, dass sein ganzes Wesen, Gedanken, Wille, Herz und Leib einstimmig auf dieses eine Ziel gerichtet sind. Das ist echte Bekehrung: Bündelung aller Energien zu einem einzigen Ziel, und dieses Ziel ist die göttliche Gegenwart. Gott ist die wirksame Gegenwart der Liebe, so dass der offene, empfängliche Mensch die Wirkungsweise Gottes, seine „Methode", überall und jederzeit erkennen lernt. Die Schwierigkeit bei dieser Arbeit des Menschen, seiner einzigen Arbeit, wie wir sagten, besteht darin, sich unbedingt zu öffnen, ohne jede Einmischung des Ego, die Wirklichkeit des Augenblicks so hinzunehmen, wie sie ist, während der Geist ganz still bleibt. Das Wesen der Hingabe ist wirkliche Freiheit gegenüber dem Objekt, der Situation, dem Ereignis, den Gedanken, ohne Reaktion, also ohne Konflikt. Das Ego greift nicht ein, urteilt nicht – soll es lieben oder nicht? –, und daher kann die Hingabe vollkommen sein: Der Mensch wird eins mit dem Hier und Jetzt.

## *Die Schönheit der ewigen Gegenwart*

Vorzugsweise geschieht das bei Lobpreis und Danksagung, die ja gerade in hohem Maße „passive" Handlungen sind. Sie erlauben dem Menschen nicht nur, das Unannehmbare anzunehmen, was eine manchmal zweideutige Unterwerfung wäre, sondern dem Unannehmbaren entgegenzukommen, es freiwillig zu wählen und also jede Zweideutigkeit oder Abhängigkeit zu vermeiden, aufzuhören, Sklave oder Opfer des „Schicksals" zu sein. Die Danksagung führt zur Selbstaufgabe, aber die Selbstaufgabe führt ihrerseits zur Danksagung, denn wenn wir die Begrenzung durch das Ego loswerden, quellen wir vor Glück und Freude über. Wer in der Haltung der Selbstaufgabe und Empfänglichkeit bleibt, denkt nicht mehr in den alten Kategorien des Gedächtnisses, sondern erlebt alles immer als neu, wie zum ersten Mal vernommen, und kann sich frei entfalten, in Liebe und Schönheit verwandelt. „Nichts sein" bedeutet, dass kein Ich dazwischen tritt und alles in seine kleine Dimension überträgt, sondern es gibt nur noch die Wirklichkeit und die Schönheit des Lebens in der Ewigkeit. Unsere Beziehung zu Raum und Zeit verändert sich vollkommen: Es gibt keine Vergangenheit mehr und keine Zukunft, sondern nur noch Gegenwart im Augenblick, die unmittelbare Wirklichkeit ergreift uns und taucht das Bewusstsein in die direkte Erfahrung ein.

Gewöhnlich leben wir an der Oberfläche, äußerliche Dinge und Ereignisse fordern uns zum Reagieren auf, so dass wir keine Verbindung zur Tiefe haben. Die Mechanik des Betriebsablaufs, die Geschäftigkeit, das Tun halten uns im Griff. Beim Danken hingegen herrschen Zweckfreiheit, Lobpreis und Freude, und so kann Gott Gott sein, wie wir sagten, d. h., wir sind seinem Wirken zugänglich, der Gnade im wörtlichen Sinn: Gott ist der Handelnde. Dann kommt, wie es die Heiligen bezeugen, der Augenblick, in dem der Mensch von allen Seiten von der Liebe durchdrungen und verwandelt wird. Von diesem Tage an gehört sich der Mensch nicht mehr selbst, in ihm entsteht zweckfreier Raum, die Kraft Gottes nimmt ihn ganz in Besitz, die berühmte dynamis tou theou, von der der heilige Paulus spricht und die den Menschen zu den größten Wahnsinnstaten genauso wie zu unerwarteten Heldentaten befähigt. In Auschwitz z. B. bietet Pater Kolbe sich als Geisel an im Tausch für einen anderen Gefangenen, einen Familienvater. Vielleicht ist das auch heldenhaft, aber dass er den Hunger- und Todesbunker gleichsam in eine Kirche verwandelt, in der alle Todeskandidaten Kirchenlieder singen, das ist sicher etwas anderes! Für diese Menschen öffnete sich der Himmel, und die Macht des Geistes ging auf sie herab durch das Zeugnis dieses Priesters (vgl. auch. Apg 1,8).

*Warum, schreibt Bergson, rissen die Heiligen Menschenmassen mit sich? Sie brauchen nur zu sein: ihre bloße Existenz ist ein Ruf. Sie erweisen sich als große Menschen der Tat… Was sie in sich haben einfließen lassen, ist eine Flut, die zu den anderen Menschen drängt…Jetzt handelt Gott in ihnen… Die Seele fühlt Leben im Überfluss, sie wird zur treibenden Kraft. Unwiderstehlich wird sie zu größten Unternehmungen angeregt. Alle Fähigkeiten werden gesteigert, so dass großzügig gemessen und kraftvoll verwirklicht wird. Ein ungeheurer Lebensstrom hat diese Menschen von neuem ergriffen; aus ihrer vermehrten Vitalität hat sich eine Energie, eine Kühnheit, eine Macht ganz außergewöhnlichen Planens und Verwirklichens entbunden. Man bedenke, was Persönlichkeiten wie der heilige Paulus, die heilige Teresa, die heilige Katharina von Siena, der heilige Franziskus,*

*Jeanne d«Arc und viele andere im Bereich der Tat vollbracht haben. (Aus: Die beiden Quellen der Moral und der Religion)*

## *Aus der Hölle der Existenz herauskommen*

Und so viele andere, ja alle Heiligen, aus welcher Tradition sie immer kommen mögen, haben den Schleier gelüftet und eine andere Art zu sein entdeckt. Man kann der existenziellen Hölle entkommen. Allein der Weg ist eng, der Zugang schwierig, und wir haben Angst, der Zweifel plagt uns, alles zwingt uns nieder und lässt uns wie Tiere in der Horizontalen verharren. Aber *wenn die Menschen die unendlichen Freuden, die vollkommenen Kräfte, die hellen Aussichten spontaner Erkenntnis, die ruhigen Gegenden unseres Wesens kennen würden, die uns erwarten, würden sie alles stehen lassen und nicht eher ruhen, bis sie diese Schätze gewonnen hätten!* (Sri Aurobindo)

Aber gerade wenn dies nicht aus eigener Kraft zu schaffen ist und der Weg schwierig ist, so geschieht das, weil wir von vornherein aufgeben. Warum könnte ich das nicht, was die Heiligen konnten? *Warum sie und nicht ich?* fragte Augustinus. Solange ich nicht auch so spreche, bleibe ich im alten Trott der zufriedenen Durchschnittsmenschen stecken. Indes, solange der Mensch nur auf seine eigene Kraft baut, wetteifert er mit Gott, hält Ihn auf Distanz und widersteht Seinem Willen. Wenn wir aber feststellen, dass wir uns umsonst angestrengt haben, werden wir wie von selbst in Gottes Arme getrieben. Wenn unser Stolz wiederholt verletzt worden ist, lernen wir, Gott die Zügel immer und in allem zu überlassen. Gott allein ist das Leben, und wir leben nur, weil wir an seinem Leben teilhaben.

Deswegen gilt es, Gott allein das Ruder und die Schlüsselposition zu überlassen. Es bedeutet, dass mein Wille identisch wird mit Gottes Willen. Mit anderen Worten: niemals mehr irgendetwas selbständig entscheiden. Entscheiden, selbst in geringen

Dingen, dies oder jenes zu tun, dann und wann aufzustehen, ins Bett zu gehen, ein Wort zu sagen oder ein Gespräch zu führen, eines Tages sogar innere Bewegungen, das sind die Stellen, an denen ich meine Freiheit ausübe, mein tiefes Sein einlasse und die Richtung meines Werdens bestimmt wird. In jedem Augenblick ruft das Leben mich zum Leben, aber damit es voll erlebt wird, muss ich zuhören und mich ihm überlassen. Ich kann es mit Dankbarkeit bei jedem Einatmen annehmen und mich ihm mit jedem Ausatmen hingeben. Es ist eine großartige Meditation. Die ersten Christen prägten den wunderbaren Satz: d*er Heilige Geist und wir haben beschlossen,...* (Apg, 15,28). Für sie wäre es Verrat, irgendetwas ohne den Impuls des Geistes zu tun.

Wenn Jesus für mich wirklich der „Herr" ist, dann ist mein Leben sein Königreich, wo er die Herrschaft ausüben kann, d. h., wo er alle Rechte hat. Also gibt es in mir nichts, was ihm fremd wäre, alles in mir ist *aus Ihm, durch Ihn und in Ihm* (Röm 11,36), ich kann aus ihm trinken wie aus einer Quelle und atmen wie aus der Luft. Aus diesem biblischen Zusammenhang wird verständlich, wie Gott dem Josafat, der bei tragischen Ereignissen in Panik geraten ist, sagen kann: *hab keine Angst, dies ist nicht dein Kampf, sondern der Kampf Gottes* (2 Ch 20, 15). Es reicht, ihm zu vertrauen, im Glauben zu gehorchen (Röm 1,5 u. 16,26). Gott freie Hand lassen! Welche Befreiung!

Eine alte Einsiedlerin auf einer kleinen griechischen Insel sagte mir eines Tages: Wissen Sie, nach siebzig Jahren asketischen Lebens ist meine Spiritualität sehr einfach: Jeden Morgen nehme ich ein leeres Blatt und unterschreibe es unten, wobei ich Gott sage: Schreib hier, was Du willst, ich sage „ja" zu allem, es ist im Voraus unterschrieben!

## *Den persönlichen Weg finden*

Jeder muss auf seine eigene Weise mit dieser Erkenntnis umgehen. Sobald der Wecker morgens klingelt, sagen einige den Vers aus Psalm 40 auf: Ja, ich komme, Deinen Willen zu tun, mein Gott. Da ist der ganze Tag richtig eingestimmt, weil die Selbstaufgabe am Anfang steht, in der Stunde des Keimens. Man braucht den Vorsatz nur noch zu jeder Stunde wieder aufzunehmen, mitten in der Arbeit, damit die Ruderpinne immer in die gleiche Richtung zeigt, während das Schiff schon auf hoher See ist und vielleicht ein Unwetter droht. Nach und nach wird daraus eine in der Liebe *verwurzelte und auf sie gegründete* Haltung (Eph 3,17), welche die Tragik der Existenz entschärft und den Menschen genauso vor jedes Ereignis stellt wie Christus. Da bleiben wir dem Evangelium treu; durch diese Haltung werden wir ins mystische Leben eingeführt, d. h. in ein ganz durch den Heiligen Geist bewirktes Leben. Hier bekommt der Mensch in jedem Augenblick alles, *denn in ihm leben wir, bewegen wir uns und sind wir* (Apg 17, 28). Er fühlt sich von Gottes Leben getragen und findet seine Ruhe in Gottes Willen.

Aber Ruhe und Selbstaufgabe bedeuten nicht einschlafen! Es geht, wie schon erwähnt, um Aktion auf der höchsten Ebene, die beständige Wachsamkeit erfordert, *entschlossene Entschlossenheit, auf die Gefahr hin, unterwegs zu sterben* (Teresa von Avila), *Hartnäckigkeit*, die bis ans Ende will (Theophanes). Wir können Gott nur so weit erfahren, wie wir uns ihm ganz ausliefern. Meistens ist unsere Selbstaufgabe nur teilweise, unentschlossen, sie ist nicht die Achse unseres Lebens. Es klafft ein Abgrund zwischen einem frommen, sehr eifrigen, ja spirituell hervorragenden Menschen einerseits und dem echten Heiligen andererseits, der kein Ego mehr hat, weil er sich von Gott hat lösen lassen von dem, was nicht Sein reiner Wille ist. Die Selbstverleugnung ist der entscheidende Punkt, da gabelt sich der Weg. Die meisten scheuen sich vor diesem geheimen Selbstopfer, das jedoch das einzige Tor zum Leben ist. Es geht nicht um asketische Heldentaten, sondern darum, Gott von Augenblick zu Augenblick Gott sein zu lassen, auf sein Handeln zu vertrauen, ob es uns gefällt oder nicht: *Herr, mache aus mir, was Du willst!*

Die Anstrengung des Menschen mag dann auf ihrem Gipfel sein, und es ist unerlässlich, aber die Anstrengung ist entspannt und fröhlich, gelöst, und sie erwartet nichts von sich aus, ist „unnütz“ und gänzlich ungebunden an Ergebnisse. Das Ziel zu erreichen ist den Menschen unmöglich, für Gott aber ist alles möglich (Mt 19, 26). Von ihm also muss alles kommen.

## 7. Kapitel

# *Dein Wille sei ein Fest!*[18]

*Lasst uns Freude und Kreuz nicht einander gegenüberstellen, denn in Jesus haben sie sich getroffen... im Kielwasser der Liebe haben Schmerz und Freude dasselbe Ziel.*
Stan Rougier

Der Jünger, der in der totalen Hingabe an seinen Herrn lebt und ihm sagt: „Herr, mach aus mir, was du willst!“ hat ihm seinen Willen anheimgegeben. Dabei ist der Wille das Organ des Glücks, wie Nikolaus Kabasilas erklärt. *Wie das Auge für das Licht geschaffen wurde und das Ohr für den Klang, sagt er, so ist die Sehnsucht als Quelle des Willens unendlich und ist entsprechend aufgebaut. Daher findet die Sehnsucht ihr Ziel einzig in Christus, damit wir uns in ihm allein einer vollkommenen Freude erfreuen können... Und diejenigen, die mit ihrem Willen ganz der Liebe Christi ergeben sind und nur ihm anhängen, diejenigen, für die er alles ist, was sie wollen und wünschen und suchen, finden in Christus echte Erfüllung und wahres Glück.*

---

18 Der frz. Autor macht hier ein unübersetzbares Wortspiel. Ta volonté soit *faite*, heißt „dein Wille geschehe“, soit fête, wird genau so ausgesprochen, heißt aber : Dein Wille sei „Fest“, „Feier“.

## *Sich aus Gottes Impuls empfangen*

Nach der Meinung der Kirchenväter spielt der Wille eine zentrale Rolle in unserem Leben, er ist wie ein Motor des Menschen, so dass, wenn er sich irgendwo festmacht, alles sich dort bindet. Es ist wie eine Magnetnadel, die im Menschen auf Gott zeigt, aber der Mensch richtet sie immer wieder anders aus und sucht sein Glück außerhalb von Gott. Daher ist Gott zum Menschen geworden, um diesen verloren gegangenen Willen wieder zu gewinnen und ihm sein Glück zu schenken. Christus kommt in seiner unvorstellbaren Liebe, um dem Menschen seinen Willen „abzukaufen", sagt wiederholt der heilige Paulus: *Ihr gehört nicht euch selbst,... um einen teuren Preis seid ihr erkauft worden.* (1 Ko 6,20; 7,23; Röm 3,24)

Es handelt sich wirklich um *eine Übertragung des Willens von uns auf Christus*, sagt Kabasilas. So schroff diese Sprache auch sein mag, die vermutlich unseren Zeitgenossen Ohrenschmerzen verursacht, findet man hier den ganzen Inhalt des spirituellen Lebens. Es kann keine größere Liebe geben, als unseren ganzen Willen Christus zu opfern, und also kein größeres Glück. In dieser Gemeinschaft, in der der menschliche Wille *christusgestaltig* wird, herrscht Heiligkeit. Der Heilige will nichts mehr von sich aus, sondern nur noch durch Christus. *Er zieht um in Gott mit seinem ganzen Willen... ein für allemal zieht er aus sich heraus, als ob er sein ganzes Leben und seine ganze Sehnsucht umorientiert hätte*, sagt noch Kabasilas. Durch den Willen wird, wie man sieht, die totale Erneuerung des Menschen erwirkt; durch ihn wird er zu einem neuen Wesen, verklärt wie Christus, glücklich, stabil, einzig und vollständig. Dieser Mensch ist jetzt losgelöst von sich selbst, da er Christus verbunden ist, *er ist so sehr in der Ewigkeit verankert, dass nichts Vergängliches ihn mehr erschüttern kann... Je mehr der Mensch sich bemüht, dem göttlichen Impuls zu gehorchen, umso glücklicher wird er. Und derjenige, der hierdurch bis zur höchsten Verfügbarkeit geht, ge-*

*rät auch zur höchsten Glückseligkeit*[19]. Das ist eines der großen Anliegen Meister Eckharts, kommt aber aus der alten Tradition der Kirchenväter. Meister Eckhart fügt übrigens hinzu, dass kein Mensch sich dem göttlichen Impuls öffnen kann, es sei denn aus Übereinstimmung mit Gott; in dem Maße, wie ein Mensch mit Gott gleichgestaltig ist, ist er dem göttlichen Impuls offen. Die Gleichgestaltigkeit aber kommt aus der Ergebenheit zu Gott und daraus, dass der Mensch seinen Willen aufgibt.

## *Die goldene Regel*

Auf diesem Weg gibt es also nur eine einzige Regel, die goldene Regel für jeden Augenblick des Lebens: Was würde Christus an meiner Stelle tun? Oder eher: Was will Christus durch mich hier und jetzt machen? Früher wurde das Ereignis als Vorsehung qualifiziert. Wir dachten, dass Gottes Wille schlicht und einfach aus den Vorkommnissen sichtbar wird. Man darf aber nicht glauben, dass Gott mit der Brutalität der Vorkommnisse in eins gesetzt werden kann, mit der Tragik der Existenz oder mit der Mechanik der Ereignisse, die physikalisch aneinander knüpfen oder aus menschlichen Leidenschaften herrühren. Ereignisse oder Dinge sind keine Schicksalsprodukte.

Jeder sieht das Leben auf seine Weise. Nehmen wir z. B. das bekannte Gespräch der zwei Trunkenbolde: Der erste behauptete, die Flasche sei halbleer, und der andere, sie sei halbvoll. Objektiv gesehen hatten sie beide Recht, denn die Literflasche enthielt 1/2 Liter Wein. Aber diese Tatsache konnte auf zwei verschiedene Weisen gedeutet werden. Anschauen heißt eine Bedeutung auswählen, einer bestimmten Deutungswelt sich anschließen, in der die objektive Tatsache einen Sinn bekommt Unsere Weltan-

---

19 Meister Eckhart, *Über die Entsagung.*

schauung bringt den Sinn. Der Blick Nietzsches oder Sartres auf das menschliche Leben und die Ereignisse gibt ihnen einen radikal anderen Sinn als der Blick des heiligen Seraphin von Sarov oder des heiligen Franziskus von Assisi. Das Ereignis und die Dinge sind der Ort unserer Anschauung, d. h. der Ort unserer Freiheit schlechthin. Unsere Art zu deuten ist ein Abbild unserer selbst. Wir sind verantwortlich für unsere Anschauung, denn wir sind verantwortlich für unsere Wahl.

Nehmen wir z. B. die Geschichte der Jünger auf dem Weg nach Emmaus (Lk 24, 13–35). Nach den Ereignissen des Karfreitags verlassen sie bedrückt Jerusalem. Die Enttäuschung trübt ihren Blick; was sie erlebt haben, verdüstert alles und stellt sich ihnen als Hindernis in den Weg. Sie richten sich in einer fremden Welt ein, in der ihre besten Kräfte gleichsam geblendet werden.

Und dann: Was würde Christus an ihrer Stelle tun? Was tut Er, nachdem Er sie angehört hat? Er zeigt ihnen, dass die Ereignisse auch ganz anders gedeutet werden können, weist ihre Niedergeschlagenheit ab und lehrt sie, in dem einen Sinn zu finden, was für sie nur ein tragisches, unglückliches Ereignis war: *Begreift ihr denn nicht? Wie schwer fällt es euch, alles zu glauben, was die Propheten gesagt haben?* (Lk 24,25) Glauben heißt mit dem Ereignis eins werden, nicht um des Ereignisses willen, sondern um seine Tiefendimension zu entdecken. Die Tragik an der Oberfläche geht in der Tiefe in ein Geheimnis über, so wie die Wellen der stürmischen See in Verbindung mit den stillen Untiefen stehen oder wie die Astrophysiker jenseits äußerlicher Turbulenzen eine versteckte Harmonie, eine *geheimnisvolle Melodie*[20] vermuten.

Diesen „Weltgesang“ lässt der seltsame Mann von Emmaus für die beiden Jünger erklingen Die Wirklichkeit reicht tiefer als

---

20 Titel des Werkes des Astrophysikers T.X. Thuân, Fayard.

unsere Begriffe, Maße und Projektionen. Der prophetische Blick dringt bis ins Innere des Ereignisses. *Intus legere,* inwendig lesen, das ist die wahre „Intelligenz“. *Musste nicht der Messias all das erleiden, um so in seine Herrlichkeit zu gelangen?* fragt Jesus. Denen, die nur die enttäuschende Seite der tragischen Ereignisse um das Passah-Fest sahen, zeigt er die Lichtseite jenseits des scheinbaren Scheiterns. Da kann in ihnen etwas auferstehen, der Wille Gottes geschehen, der den Menschen trotz allem ihm Widerfahrenden befreien will. Die „nackten Tatsachen“, ihr Leben selbst, erhalten einen neuen Sinn. Jedes Leben enthält das wahre Leben; jenseits jedes Scheiterns ist eine Auferstehung möglich. Allein der Blick der Liebe kann in den Ereignissen die Absicht der Liebe erkennen.

Die Jünger auf dem Weg nach Emmaus sind erschüttert, als sie diese Deutung hören: Da gingen ihnen die Augen auf, und es brannte ihnen das Herz in der Brust. Jesus brachte sie vom Verstand, wo analysiert und geurteilt wird, weg zum Herzen, das sieht. Dann änderte sich ihr Blick, und sie erkannten ihn am Brotbrechen. In der Banalität einer alltäglichen Geste, einer für Außenstehende unwichtigen Begebenheit betrachten die Jünger jetzt das Mysterium einer wirksamen Gegenwart, die, als das Brot gebrochen wird, die Welt durch Eucharistie und Danksagung verwandelt, denn *Er segnet…* (Lk 24, 16 ff.).

## *Ein Schlüssel, um die Ereignisse zu entziffern*

Indem man also Christus und dem Zeugnis der Schrift, von Mose bis zu den Propheten, vertraut, erhält man den Schlüssel, um die Ereignisse zu deuten und sie als Absicht zu verstehen. Eine alte Lehrfabel drückt dies auf volkstümliche Weise aus: Ein Mann schickt seine zwei Diener unabhängig voneinander in die Stadt. Als die Diener dort aufeinander treffen, meinen sie, das sei Zufall, denn jeder folgt seiner eigenen Logik. Der Herr aber weiß, dass dieser „Zufall“ ein Ergebnis seines Planens ist. So verhält es sich auch bei den Ereignissen in der Welt. Sie erfolgen aus natürlichen oder menschlichen Ursachen, aber deswegen sind Ursachen höherer Art nicht ausgeschlossen.

Um seinen Blick und seine Haltung zu verwandeln, muss man also mit dem Meister eins werden. Wollen wir die radikal andere Ordnung der Dinge erkennen, so müssen wir die Wahrheit jenseits der Äußerlichkeit als ein Mysterium des Glaubens suchen. Wenn jemand diese Intelligenz des Glaubens besitzt, sagt ein Vater, *spricht Gott zu ihm durch alle Geschöpfe. Das Universum ist für ihn wie eine lebendige Botschaft, die Gottes Finger unaufhörlich vor seinen Augen niederschreibt. Die Geschichte aller Zeiten ist eine Heilsgeschichte*. Das ist die „obere Ordnung“. Aber auch in der „niederen Ordnung“ gibt es keinen „Zufall“. Gott will nicht das Leid und das Unglück des Menschen! Die äußerlichen Ereignisse besitzen einen eigenen inneren Zusammenhang: Gott will nicht, dass mein Kind von einem Lastwagen überfahren wird oder dass ich krank werde, genauso wenig wie Völkermord oder das Zurückgehen der Ozonschicht, kosmische oder industrielle Katastrophen. In diesem Zusammenhang der Existenz muss der Mensch seine Verantwortung wahrnehmen. Aber das kann er nur im vollen Umfang tun, wenn er durch Gottes Willen erleuchtet wird.

Wie sind denn beide Ebenen zu verbinden - die niedere und die obere Ordnung, die Oberfläche und die Tiefe, die Ebene der Existenz des Menschen mit seiner freien Verantwortlichkeit im Alltag und das Mysterium von Gottes Willen? Gibt es eine Verbindung? Die ganze Bibel sagt „ja“ und fügt sogar hinzu, es handle sich um einen Liebesbund, bei dem menschlicher und göttlicher Wille perfekt übereinstimmen. Und diese Übereinstimmung ist sehr wichtig, sonst wäre Gottes Wille nur eine Falle für den Menschen, beklemmende und ängstigende Unterdrückung, eine Last, die ihn unter dem Schuldgefühl erdrückt und keinerlei Irrtum noch Aufschub in ihrem von Ewigkeit her vorgefertigtem Programm duldet. Viele beugten sich vor dem wilden Angesicht dieses perversen und sadistischen Gottes, eines allmächtigen Gottes, der alles sieht, alles weiß, die menschliche Geschichte überragt und verlangt, wir sollen unseren Platz als stumme Statisten dort einnehmen, wo er es von jeher vorgesehen hat!

Nichts von alledem in der Bibel. Selbst die Texte, die den Eindruck vermitteln, als zwinge Gott seine Pläne und seinen Willen von oben auf, können nur aus dem Zusammenhang des Bundes verstanden werden, aus der Sehnsucht nach Gemeinschaft und gegenseitiger Hingabe in Selbstverleugnung beider Seiten. Aber diese unermessliche Liebe Gottes, die zum Kreuz führt, kann nur zwischen freien Personen entstehen.

Dieses Mysterium ist der tiefe Hintergrund einer jeden Begebenheit. Seit der Menschwerdung Gottes in Jesus Christus wird die Geschichte beseelt, sowohl die Weltgeschichte als auch meine eigene Geschichte, der jetzige Augenblick mit all seinen Konsequenzen. Christus ist ins Innere der Dinge hinabgestiegen, er ist der in das Zeitliche gekommene Ewige, und in diesem „Hier und Jetzt" bin ich mit ihm verabredet. Daher hängen von jetzt an meine Lebensqualität, mein Glück oder Unglück ganz von meiner Beziehung zum Augenblick ab.

Wie weit der Mensch fähig ist, Ereignisse aufzunehmen, im Innersten zuzuhören, das kommt auf seine Tiefendimension an. Der Blick des Glaubens auf das, was mir widerfährt, ist wie eine Echografie, die mir das Ereignis transparent macht. Selbst wenn äußerlich die Situation tragisch ist und ich wie der heilige Thomas gezwungen werde, *meine Finger in seine Wunden zu legen*, so wird mein Glaube mir den zu erkennen geben, der das menschliche Leid angenommen hat und hinter dem Schleier der Geschichte steht. Nicht mehr setzt sich ein „Ich" mit dem Ereignis auseinander, sondern es entsteht ein Dialog zwischen „Ich" und „Du", eine geheimnisvolle Begegnung im Herzen der Gegenwart. Und dann kann ich auch angesichts unfassbarer Geschehnisse wie der heilige Thomas ausrufen: *Mein Herr und mein Gott!*

## *Zum Unmöglichen Ja sagen*

Genau das macht Jesus selbst und will es uns lehren. Allein das Gebet, d. h. die Versetzung unserer Sehnsucht in Gott in jeder Situation kann die Oberfläche des Ereignisses transzendieren und die Tiefendimension sichtbar machen. Jesus betet immer auf diese Weise, da er offenbaren will, dass das Leben kein äußerliches Funktionieren, keine absurde Verkettung von Umständen ist, sondern, wenn man mit dem „Herrn" aller Dinge eins wird, dem Vater und Lebensquell, eigentlich ein „Mysterium", das weit über die Alltäglichkeit hinausreicht. Indem er „Dein Wille geschehe" betet, reißt Jesus das Ereignis aus den Krallen des Feindes, entfernt den Stachel des Tragischen und legt es in die Hände des Vaters.

Das heißt: den Willen Gottes tun. Den Lauf der Geschichte neu ausrichten, ihm den wahren Sinn verleihen, Dinge und Ereignisse in letzter Sicht wieder aufgreifen, um sie in Bezug auf Gott zu bringen - da liegt die Verantwortung des Menschen, der Ort seiner Freiheit und also seines Werdens. Durch diese Sehnsucht erreicht Gott jeden von uns persönlich wie ein Ruf zu einer gemeinsamen Schöpfung, der seit der Menschwerdung in jedem Augenblick der Geschichte erklingt: *Ich stehe vor der Tür und klopfe an.* (Off 3, 20)

Unser Leben lässt ständig Antwort auf diesen Ruf vernehmen und fügt sich so in den Bund mit Gott ein. Dem, der immerfort an meine Tür klopft, sage ich immer wieder, in einem Lernprozess ohne Ende: „Ja, herein!" Der Augenblick bringt nicht mehr das finstere Schicksal, das blind zuschlägt, sondern es ist eine Kraft hinter diesem Schicksal. Mein „Ja" liefert mich nicht mehr dem namenlosen Schicksal aus, sondern Christus, der sich zum Schicksal gemacht hat, um mich zu befreien. Und wenn ich ganz zum „Ja" geworden bin, wenn meine Existenz sich ganz für alles Geschehende geöffnet hat, werde ich mit Ihm zum Sieger bei einem *absoluten* Sieg. Der in mir lebt, hat gesagt: *Ich habe die Welt besiegt*. (Jh 16,33) Dieses „Ja" ist wie eine Hochzeit, denn es ist eine liebende Zustimmung an eine Gegenwart, und dieser Bund lässt mich in dem Geheimnis meines Gebets erfahren, dass jedes Leid das blutige Gesicht des geopferten Lammes ist

Wir würden nichts von alledem wissen, wenn Jesus am Ölberg nicht „Ja" zum Unannehmbaren gesagt hätte. Er hat uns allen durch seine eigene Hingabe bewiesen, dass Gott das Leben in Fülle trotz aller widrigen Umstände schenkt. Trotz Lügen und Verrat, Erniedrigung und schmachvollen Todes bittet er Gott um die Kraft zum Unmöglichen: zum Lieben inmitten einer Hölle, zum Trinken aus der Quelle des Lebens mitten im Sterben.

Christus wird so eins mit dem Willen des Vaters und macht aus der satanischen Prüfung, bei der er Blut schwitzt, einen Weg zur Liebe Gottes, der ihm im Ereignis vorausging. Mit jedem Schritt, den er taumelnd unter Kreuzeslast zurücklegt, zeichnet er die neue Bedeutung in der Wirklichkeit, wie eine Furche, die sein eigenes Leben empfangen wird, aus der eine andere Wahrheit keimt Und wenn er mit dem Ereignis des Kreuzes ganz im Einklang sein wird, mit der Wirklichkeit des Hier und Jetzt eins geworden, ist sein „Ja" ohne Bruch (2 Ko 1, 19), und er sagt: *Es ist vollbracht!* Da wird der menschliche Wille eins mit dem göttlichen Willen, das ist *der neue und endgültige Bund*.

So zu sterben, von seinen Jüngern fallengelassen, von seinem Volk verleugnet, von seinen Freunden verraten, entehrt, vom Leben verhöhnt, so zu sterben – er, der das Leben selbst ist, der seinen Mördern verzeiht, ohne ein Wort der Klage oder der Verachtung, ohne jemals zurückzuweichen und sich Gott überlässt zu sterben, während Gott ihn anscheinend den Kräften des Bösen überlässt –, das setzt voraus, dass man sich selbst nicht mehr gehört, dass man die göttliche Gegenwart in dem Ereignis erkennt, sich ihr anbietet und aus ihr empfängt. Sohn zu sein heißt sich aus dem Vater empfangen, wie der Bach sich in jedem Augenblick aus der Quelle speist. Der Bach speist sich nicht aus den Anschwemmungen, die er auf dem Wege findet, aus den Hindernissen, dem Schlamm und allerlei Widerständen, sondern aus seiner Quelle, die in ihm auf seinem ganzen Lauf da ist und mit der er eins ist! Wenn die Hindernisse seinen Lauf hemmen würden, würde er schnell zu fauligem, totem Gewässer, aber da er der belebenden Kraft der Quelle angeschlossen ist, mündet er letztlich in den unendlichen Raum des Ozeans. Jesus lebt seine Passion ganz, lässt sich aber nie von ihr überwältigen, nichts hält ihn auf. In dem Maße, in dem er in unaussprechlicher Liebe das Unannehmbare annimmt, überträgt sich das Leben in Fülle zwischen ihm und seinem Vater im Geist. Dann öffnet sich selbst sein Tod auf die unendlichen Räume der Auferstehung, des Aufblitzens des Glücks und des göttlichen Lichtes. Als erster unter den Menschen *geht er aus dem Tod in das Leben hinüber, weil er geliebt hat* (1 Jh 3,14).

## *Was heißt leben?*

Indem Christus Mensch wurde, führte er einen revolutionären Lebensstil in die Geschichte ein. *Gottes Willen tun* heißt nicht den Menschen von einem gasförmigen Wesen manipulieren lassen, wie Nietzsche sich ausdrückt, sondern die Weisheit in die Tat umsetzen. Nur die Liebe, wenn sie der Mensch gewordene Gott ist, siegt über alles. Jesus erlebt alles, selbst Leid und Tod, in der Liebe.

Das ist selbstverständlich dem Menschen unmöglich, aber bei Gott ist alles möglich. *Ich bin der Weg,* sagt Jesus, *denn getrennt von mir könnt ihr nichts vollbringen* (Jh 14, 6 u. 15,5). Christus ist Gott, Er ist die Liebe in Person, und also ist Er es, der in uns liebt und uns durch alles Vorkommende hindurch liebt. Aber der Schlüssel zu diesem neuen Leben ist: *Euch aber muss es zuerst um sein Reich gehen; dann wird euch alles andere dazugegeben.* (Mt 6, 33) Selbstaufgabe bedeutet nicht Passivität, Gottes Wille ist aktiv zu „tun". Das Reich Gottes suchen heißt „den Weg" nehmen, d. h. *zuerst* seinem ganzen Tun diese eine Richtung geben. Dieses „zuerst" rafft unsere ganze Existenz zusammen und bündelt sie in Christus, so wie Christus sich im Vater gebündelt hat. Sobald diese Ausrichtung dank einer tiefen Umwandlung unseres eigenen Lebens zur Mitte des Lebens geworden ist, erscheinen die Ereignisse als ein göttliches Wirkungsfeld, das für Gott offen steht.

Alles eint sich sodann in uns und um uns, alles wird extrem vereinfacht. Da ich von Gottes Wort, das ich mir unaufhörlich durch den Kopf gehen lasse, besessen bin, wird mir der Hintergrund der Geschichte vertraut: Jetzt kann ich den Augenblick so lieben, wie er ist, im Wissen, dass *er eine unsichtbare Seite hat, die zum Mysterium erhoben wurde* (Novalis). Lieben heißt sich anschließen, um das Mysterium des göttlichen Wirkens zu erreichen. In Christus sein, meinen Blick von mir selbst abwenden, mich vergessen und nur den in mir gegenwärtigen Christus anblicken. Christus lebt in mir. Was ich auch tue, er ist in mir, ist es, der sich in mir sehnt, will, denkt, liebt, spricht und arbeitet, er ist es, der in mir leidet oder sich freut, ich atme in ihm und durch ihn. In diesen Worten befindet sich die ganze Grundlage der Briefe des heiligen Paulus: Der Ausdruck *in Jesus Christus sein* kommt dort 168-mal vor!

In Christus leben, da, wo ich bin, und in dem, was ich jetzt tue. Es ist somit unwichtig, ob die Ereignisse nach meinem Geschmack sind oder nicht, da Christus das tut, was er will, und so zu mir kommt, wie er es meint! Er ist *der Weg* und führt mich dahin, wohin er will (Jh 21,18). Diese Egoleere führt zu einer Gottesfülle, in der der Mensch sich selbst wiedergeboren wird. Er hat kein Ego mehr, das man so oder so treffen könnte, alles kann ihm also zur Gelegenheit werden, die Liebe kennenzulernen und immer mehr zu lieben. Wie in den „Seligpreisungen" betont wird (Mt 5, 1–12): Dieser Mensch, so arm, traurig, hungernd oder durstig, ja verfolgt und verfemt er sein mag, ist immer glücklich. Der Herr befiehlt ihm, er will es so, *in Freude und Jubel auszubrechen!* Und das aus einem Grund: *um meinetwillen*. Denn *alles ist Gnade*, Christus schenkt sich in allen Dingen, *nicht, damit wir uns über einzelne Gaben freuen,* sagt Johannes Chrysostomos, *sondern damit wir vor dem unsagbaren Übermaß seiner Liebe jubeln.*[21] Bei dieser überschäumenden Freude *stelle keine zudringlichen Fragen mehr,* sagt er noch, *halte dich nicht mit Beweisführungen auf, fordere keine Antwort auf dein Warum, es wäre kleinlich, denn die Vorsehung kann man nicht erklären, ihre Fürsorge ist unerklärlich, ihre Güte unsagbar und ihre Liebe unauslotbar; ob Weißbrot des Trostes oder Schwarzbrot der Verzweiflung, es ist immer noch Brot, eine Gabe, die man vom Geber nicht trennen kann.*

## *Der Geschmack des Schwarzbrots*

Solange man sich nur nach dem *Weißbrot* des Lebens sehnt, bleibt man im Leid, gefangen in der Alternative „Glück oder Unglück", und selbst das Weißbrot kann nicht voll gewürdigt werden, da es von seinem Gegenstück abhängig ist. Das Geheimnis des *Schwarzbrotes* muss entdeckt werden, man muss es aus ganzem Herzen schätzen lernen, wenn man das Geheimnis des Lebens erfahren will. Leben ist alles, was geschieht, nicht nur das in unseren Augen Glückliche: Das Leid gehört unbedingt dazu. Aber Glück und Unglück sind nur Chimären, die uns auf den Wellen der ungesicherten Existenz durchschütteln, solange

21 Saint Jean Chrysostome, *Homélies sur la Providence de Dieu*, Le Cerf.

wir nicht in die Tiefe getaucht sind, um den aufzunehmen, der uns sucht, den Geber, das nicht-abhängige Bewusstsein.

Das *tägliche Brot*, von welcher Farbe auch immer, ist also das Sakrament oder die Materie einer *Substanz Brot*, die in ihm steckt. Von dem einen zum anderen führt ein „Passah“, ein Ostern, das von unserer Seite eine Umwandlung erfordert. Wir sind Priester in der Welt, und wie der Priester am Altar steht, wo sich Brot und Wein in Christi Leib und Blut wandeln, sollen wir zu jeder Zeit das Material, das er uns in die Hände legt, in Gnade verwandeln. Eucharistie zu machen, d. h. Dank zu sagen *jederzeit und überall*, ist unsere wirkliche Aufgabe als Menschen. Es kommt uns zu, Gottes Gnade als überall wirksam zu erkennen und sie aus der Vielschichtigkeit des Augenblicks durch unser Danken, unsere Dankbarkeit im frohlockenden Sinne, zu heben. Das ist „lieben“.

Richard de Saint-Victor (12. Jh.) bringt den Jubel in Verbindung mit dem dritten Grad der Liebe. *Der Lobpreis ist ein Instrument der spirituellen Harmonie und ebnet den Weg der Liebesgnade, schreibt er, ähnlich wie Elischa durch die Musik des Harfenspielers Inspiration zu seiner Prophetie bekam.* (2 Kön 3, 15) *Andere Melodien können den Menschen sehr erfreuen, das Instrument des Jubels aber macht ihn selig.* Im 89. Psalm wird diese Erfahrung bestätigt: *Wohl dem Volk, das dich als König zu feiern weiß! Herr, sie gehen im Licht deines Angesichts. Sie freuen sich über deinen Namen zu jeder Zeit; …du erhöhst unsere Kraft in deiner Güte!*

Jubel ist der Ausdruck eines vor Liebe und Dankbarkeit brennenden Herzens, da der Mensch das Angesicht des Herrn jenseits, aber auch inmitten von Korruption und Schwerkraft hat aufleuchten sehen. Jubeln heißt das Danken bis zu seinem in Worten unsagbaren Gipfel bringen: das Herz kann sich nur der *Freude Gottes anpassen und in das unwandelbare Fest des inneren Gesanges einstimmen, das uns über alle Verwirrungen erhebt* (Augustinus, 5. Jh.). Deshalb konnte Jesus sagen: *Das ist das ewige Leben: dich, den einzigen wahren Gott, zu erkennen.* (Jh 17,3) Aber „erkennen" bedeutet jeden Augenblick in seiner Tiefendimension ewigen Lebens sehen. Diese Erkenntnis macht uns dankbar und umgekehrt: Danken öffnet die Zeit auf ihre liturgische Dimension, auf die ewige Gegenwart hin. Der Mehrheit der Sterblichen entgeht diese Erkenntnis, sie sind deshalb „Sterbliche", weil sie, wie Kant sagt, nur die unruhige Oberfläche der Dinge sehen und nicht bis ins Leben des Lebens selbst gelangen.

## *Das Geheimnis des Jetzt*

Mit Christus ist die Ewigkeit in die Zeit eingegangen Das Jetzt in der Fülle zu erleben heißt genau an dem Kreuzpunkt zwischen beiden stehen. Ewigkeit wird nur dem geschenkt, der sich der Gegenwart ganz gegenwärtig macht. Für ihn sind Vergangenheit und Zukunft nur Gräber, die dem Leben das Leben entreißen, Orte der Abwesenheit und Finsternis. Seine Freude und Dankbarkeit haben die *Zeit* der Verwesung und das Reich des Todes *erlöst. Kronos*, der Gott der Zeit aus der griechischen Mythologie, der große Völkervernichter, wie sich die Kirchenväter ausdrücken, hat den Menschen nicht mehr in Besitz, denn, wenn der Mensch zu singen anfängt, führt er die größte Umwandlung in die Zeit ein. Die Zeit verwandelt sich in ein Brautgemach, in dem alle Gegensätze sich in einen einzigen Willen vereinen. Da Christus der Ewige in der Zeit ist, wird die Zeit in ihrem Jetzt zum Ort des Treffens zwischen Gott und dem Menschen, zum Ort der gelebten Liebe und des Austausches. *So schafft Christus den Gegensatz zwischen Zeit und Ewigkeit ab und offenbart hingegen, dass die Zeit ein Abbild des göttlichen Lebens als Gemeinschaft von Personen und als angebotene Möglichkeit der Selbstaufgabe und der Liebe ist. Als Christus dank einer Haltung totaler und freier Selbstaufgabe in die Zeit einging, machte aus dem Augenblick der größten Leere einen Augenblick höchster Fülle, der in der Auferstehung offenbar wurde.*[22]

Ich kann also in der Zeit auf den Weg kommen und ihn nie verlassen, da ja die Zeit mein Leben ist. Das Ereignis ist wie die Einschlagstelle, wo mir das Mysterium des göttlichen Willens offenbart wird, und nur im Jetzt kann ich es erreichen und mit Liebe empfangen Im Jetzt ist die Verbindungsstelle zwischen meinem inneren Leben in Gott und den Tausenden von Dingen, die ich im äußeren Leben verrichte. Dadurch erhält die unendliche Folge der Augenblicke eine unveränderliche Kontinuität, eine Dichte, die bedeutet, dass der Ewige gleichauf mit der Zeit ist.

Dazu braucht man völlige und ständige Sammlung, bei nicht willentlicher, entspannter Haltung, eine Hingabe des ganzen Wesens, eine stete Hörbereitschaft, damit wir in unserer Sehnsucht und unserem Willen den göttlichen Impuls vernehmen, bis wir ihn als unser einziges Lebens- und Handlungsmotiv annehmen. Das ist die wichtigste Voraussetzung jeden Fortschritts. Aber diese Bemühung ist mühelos, da die unendliche, allgemeine Glückseligkeit sich als immanent, bergend, alles durchdringend offenbart. *Sodann verläuft unser Leben wie ein Fest, wir sind überzeugt, dass Gott stets überall präsent ist, wir pflügen singend, wir singen Hymnen, während wir zur See fahren, benehmen uns in allem wie Bürger des Himmelreiches. Der Vollkommene bezieht ständig den rechtmäßigen Gebrauch aller Dinge auf Gott.*[23]

---

22 Olivier Clément, *Transfigurer le temps*, Delachaux et Niestlé.
23 Hl. Klemens von Alexandria, *Stromates*, Le Cerf.

# 8. Kapitel

# *Die Flamme der Dinge*

*Unsere Welt wird krank, seit sie die Verbindung*
*mit ihren unsichtbaren Quellen unterbrochen hat.*
Stan Rougier

## *Aus dem Äußeren ein Inneres machen*

Von den ersten Seiten an stellt sich die Bibel als Weg der Wandlung, als Schule des Lebens und des Seins dar. Indem er den Menschen nach seinem Bilde schuf, legte Gott in ihn den Keim zu einer unendlichen Sehnsucht, die durch nichts Endliches gestillt werden kann. Deshalb ist der Mensch immer auf der Suche! Gott antwortet darauf, indem er ihm die ganze Schöpfung wie ein Festmahl anbietet. Jedes Mal, wenn Gott etwas erschafft, segnet er es, das bedeutet in der biblischen Sprache: Er erfüllt alles, was es gibt, mit seiner Gegenwart und seiner Liebe.

Daher kann der Mensch in allem, bis zum geringsten Grashalm, Gott treffen, ihn erkennen und lieben. Jeder endliche und begrenzte Gegenstand wird durch die unendliche Antwort beseelt, die der Mensch überall und ständig sucht. Jedes kleine Detail dieser riesigen Schöpfung ist eine Gabe Gottes an den Menschen, sei es die bescheidene Blume in einer Wiesenecke oder Jupiter, der Herr der Planeten am Firmament, der Kieselstein zu meinen Füßen oder die Luft, die ich atme – alles bietet sich meiner Sehnsucht an, öffnet sich ihr wie ein Brautgemach zu ihrem Bund mit Gott. Selbst ein alltäglicher Gebrauchsgegenstand aus der Hand des Menschen wie z. B. ein Stuhl ist gleichzeitig ein *Faktum* und ein *Mysterium*, sagt der Theologe Hans Urs von Balthasar, oder, wie der Dichter sagt: *Jede sichtbare Oberfläche besitzt eine unsichtbare Tiefendimension, die ein Mysterium ist.* (Novalis)

So kann ein Stuhl mit Schweigen umhüllt sein, und seine Tiefe hängt nur von meinem Blick ab.

Im Blick bündeln sich die anderen Sinne, die dann zusammen den Menschen auf eine bestimmte Art der Beziehung fokussieren. Das kann eine äußerliche und objektivierende Art sein: Es gibt *Mich* und den *Rest*. Der Blick urteilt und verdinglicht, er hält also alles auf Distanz, und begegnet den Dingen nie, weil er am Äußeren haftet: Dann gibt es ein Wissen über die Dinge, aber keine Erfahrung, die allein den Menschen verwandelt. Oder die Beziehung ist innerlich und objektiviert nicht: Es ist kein gezielter, gemachter Blick, er ist völlig offen, ein Bewusstsein ohne Gegenstand, empfänglich ohne jegliche Interpretation oder Einmischung des Ego. Umso innerlicher das Bewusstsein des Menschen ist, umso tiefer dringt er in die Innerlichkeit des ihn Umgebenden. Wenn der Verstand sich nicht mehr einmischt, wird die Aufnahme ganz, der betrachtete Gegenstand wird transparent, und das Wunder ist möglich: Das Wirkliche wird sofort inmitten jeder Wirklichkeit unmittelbar vernommen. Was dann aus dieser direkten Erfahrung auftaucht, ist immer die Schönheit, das Antlitz Gottes im Herzen eines jeden Dings, seit Er *alles gesegnet hat* und fand, dass *alles schön war*.[24]

Dostojewski hat gesagt, *die Schönheit wird die Welt retten,* Simone Weil denkt, der Blick rettet, und beide haben Recht, aber wäre es nicht noch konkreter zu sagen, dass alles Sein Bezogenheit ist? Der Zen-Meister Suzuki formulierte den wunder-

---

24 Genesis, 1 . Das hebräische Wort *tôb* kann sowohl mit „gut“ als auch mit „schön“ übersetzt werden.

baren Satz: *Schaue so nach draußen, als würdest du nach innen schauen, so dass aus außen innen wird.* Das ist es!

Der große amerikanische Wissenschaftler Fritjof Capra hat indessen wissenschaftlich bewiesen, dass ein Partikel sich vor einem gläubigen Menschen anders „verhält" als vor einem ungläubigen! Das ist eine faszinierende Feststellung, denn sie beweist und lässt erspüren, was übrigens immer mehr von den neuesten Erkenntnissen der Quantenphysik bestätigt wird, nämlich dass hinter allen Dingen und in allen Dingen überall dasselbe Bewusstsein steckt.

Alles hängt also von meinem Verhältnis zu meinem Gegenüber ab. Wenn ich es als Objekt, besonders als Lustobjekt betrachte, dann wird es dicht wie der Partikel vor dem Ungläubigen Wenn ich es aber als Subjekt betrachte, im Dialog der ‚Bewusstseine', dann kann eine Gemeinschaft entstehen, eine *göttlich-menschliche Gemeinschaft der Bewusstseine*, wie Dumitru Staniloae sagt.[25] Hier entscheidet der Mensch über seine Größe oder seinen Untergang, seine Rettung oder sein Verderben, sein Leben als Paradies oder Hölle.

## *Das Numinose*

Zu dieser freien Wahl, die genau genommen ein Appell an die gegenseitige Liebe ist, fordert Gott den Menschen auf, als Er ihn bittet, alle Dinge zu benennen. In der Bibel ist der „Name" weder Attribut noch Funktion, sondern das Wesen eines Dings an sich, sein Wesen als Gabe Gottes. Ein Ding benennen heißt Gott in ihm und in seinem Namen preisen.[26] Denn tatsächlich, da Gott alles, was er erschaffen hat, gesegnet hat, um sich durch jedes

25 In *Prière de Jésus et expérience du Saint-Esprit*, Desclée de Brouwer.

26 A. Schmemann, *Pour la vie du monde*, Desclée de Brouwer, p. 14.

Geschöpf dem Menschen zu schenken, kann es nichts Besseres geben, als unsererseits Gott zu preisen, um die Welt zu verstehen und im Alltag die Fülle des Lebens zu finden, die vollkommene Freude im ständigen Kontakt mit Menschen, Dingen und auch der Zeit zu erleben, denn auch sie wurde gesegnet (Gen 2,3). Denn allein Dankbarkeit befreit das Herz des Menschen zur Liebe, d. h. zu einer angemessenen Relation zu allem, was ihm begegnet. „Namen geben" heißt segnen: *Seid dankbar*, sagt der heilige Paulus (Kol 3,15–17). *Sagt Gott, dem Vater, jederzeit Dank für alles im Namen Jesu Christi, unseres Herrn!* (Eph 5,20)

Die leichteste Übung in unserem Alltagsleben könnte vielleicht darin bestehen, sich einen kurzen Satz einzuprägen aus Worten, die uns lieb sind, oder einen Vers der Bibel auszuwählen, der die angestrebte Haltung am besten ausdrückt, z. B. *Lobe den Herrn, meine Seele, und alles in mir lobe seinen heiligen Namen! Lobe den Herrn, meine Seele, und vergiss nicht, was er dir Gutes getan hat.* (Psalm 103)

Dann muss der ausgewählte Satz wiederholt werden, darüber „gebrütet" werden, wie es die Alten taten, und wie ein Kommentar zu dem werden, was unsere Sinne vernehmen: zu den ersten Sonnenstrahlen am Morgen, zu unseren ersten Schritten, zu dem Wasser, mit dem wir uns waschen, der Nahrung, die wir zu uns nehmen, den Personen, die wir sehen…

Der Satz, der anfänglich auf unseren Lippen ist, wirkt wie ein Sinnspruch, bahnt sich seinen Weg und steigt allmählich in die Tiefe hinab, um schließlich durch Gottes Gnade unser Herz zu ergreifen. Kein Urteil mehr, kein Gedanke, der das Verhältnis zu den Dingen verdirbt; der alles segnende Satz ist zu einer wesentlichen Haltung geworden, zu einem Wesenszug, einem Lebensstil, den Gott dem Menschen von Anfang an nahe legt.

Der Mensch mit dem offenen Herzen erreicht jederzeit das Herz aller Dinge, in dem das ganze Universum zusammengefasst ist. Für ihn gibt es keine Dualität mehr, außen ist innen, und wenn sein Segen eine Vision aufblitzen lässt, bricht der kontemplative Blick zum Ur-Licht des Hier und Jetzt durch, zur *Weißglut der inneren Schichten des Seins* (Teilhard de Chardin). In dieser Tiefe ist, selbst unter dem Schleier des Alltäglichen oder der Finsternis, der Mensch auf geheimnisvolle Weise mit dem Licht, mit dem Erstrahlen der Schönheit verbunden. Die Schönheit kommt immer aus der Tiefe und nicht von der Oberfläche. Nichts ist äußerlich oder objektiv schön; wenn wir „Wie schön!" ausrufen, erfahren wir die göttliche Gegenwart, die durch einen Gegenstand durchschimmert. Alles wird von einem brennenden Dornbusch beseelt, was die Kirchenväter *die Flamme der Dinge* nennen oder die Theologen das *Numinose* (Rudolf Otto, C. G. Jung).

Da werden wir ergriffen, denn das Schöne hat, entgegen anderen transzendentalen Kategorien wie das Wahre oder das Gute, einen direkten Zugang zum Herzen ohne Umweg über die Gedanken. Da ist die Shekina gegenwärtig, die Herrlichkeit Gottes, Schöpferin der ganzen Schöpfung, sie meldet sich in allem, was wir berühren, damit wir unser Leben in ein göttliches Leben verwandeln, in eine ununterbrochene Gemeinschaft mit Ihm. Ohne diese unablässige Arbeit ist kein Glück möglich; unsere Umgebung verstofflicht sich, die Dinge werden undurchlässig, und wir machen aus der Welt einen Friedhof, unsere Beziehungen sind leer und treffen nur noch auf Einsamkeit und Absurdität.

## *In den Gesang der Welt einstimmen*

Dabei bringt man sich um den Besitz eines unerhörten Schatzes! Wir müssen die Kraft der biblischen Tradition wieder entdecken und lernen, so tief zu blicken wie sie. Dabei ist eine große Vertrautheit mit den Texten nötig, wie sie die Kirchenväter hatten, um diese Transparenz des Glaubensblicks zu erreichen. Das

Herz des frommen Juden wurde von begeisterter Bewunderung ergriffen, wenn er die Wunder aus der Geschichte Israels und aus der ganzen Schöpfung betrachtete. So sprudelte die Freude aus der Tiefe seines Wesens: zu sehen, dass Gott Gott ist und dass seine Herrlichkeit dem liebenden Blick so greifbar nah ist, das wurde zu seiner wahren Lebensgrundlage und zum höchsten Wert auf dieser Welt:

*Denn du hast mich durch deine Taten froh gemacht, Herr, ich will jubeln über die Werke deiner Hände. Wie groß sind deine Werke, o Herr, wie tief deine Gedanken! Ein Mensch ohne Einsicht erkennt das nicht, ein Tor kann es nicht verstehen!* (Ps 92, 5–6)

Die Sehnsucht danach, die Herrlichkeit Gottes zu schauen, beseelt den Menschen der Bibel, er weiß, dass dort die Antwort auf seine Sehnsucht ist:

*Wer kann sich satt sehen an ihrer Pracht? Sagten wir noch mal so viel, wir kämen an kein Ende; darum sei der Rede Schluss: Er ist alles! Ihr, die ihr ihn preist, schöpft neue Kraft, werdet nicht müde; denn fassen könnt ihr es nie.* (Si 42,25 u. 43, 27–30)

Die Väter aus den ersten Jahrhunderten lebten spontan im Einflussbereich dieser Texte. Sie sagten, man solle mit allem eins werden, um den Lobpreis der anscheinend stummen Natur anzustimmen. Denn in Wirklichkeit betet alles, alles besingt die Herrlichkeit Gottes, selbst die Steine können segnen (Lk 19,40), *jubeln sollen alle Bäume des Waldes!* (Ps 96, 12) *Gepriesen bist du, Herr, du Gott unserer Väter, gelobt und gerühmt in Ewigkeit… preist den Herrn, ihr Sterne am Himmel … aller Regen und Tau, preist den Herrn, all ihr Winde, preist den Herrn, Feuer und Glut, Frost und Hitze, Tau und Schnee, ihr Nächte und Tage, Licht und Dunkel, ihr Berge und Hügel, ihr Meere und Flüsse, ihr Tiere des Meeres und alles, was sich regt im Wasser, ihr Vögel am Himmel, all die Tiere, wilde und zahme, lobt und rühmt ihn in Ewigkeit!* (Dan 3,51–90)

Der heilige Dionysos Aeropagites (6. Jh.) zeigt, wie die unendliche Liebe Gottes und seine unbeschreibliche Zärtlichkeit alle Dinge *durchdringen, erleuchten, gestalten und zum Leben erwecken...* Dass die Liebe Gottes, die sich in der Schöpfung ausdrückt, *das Maß, die Breite, die Ursache und der Zweck von allem ist ... Er versammelt alles, was zerstreut war, so dass alles zu ihm strebt, da er die Grundlage, der Zusammenhalt und die Vollendung ist ... alles empfängt von ihm Struktur und Existenz.*[27]

Wenn das die wahre Gestalt der Dinge ist, so brauchen sie nur einen reinen Blick, der das Wunder sieht, das überall vor unseren Sinnen ausgebreitet ist. *Alles muss in Gott gefühlt werden* (hl. Isaak der Syrer, 6.Jh.). Etwas erkennen heißt es von innen erfahren, sich sein wahres Maß aneignen und in die kosmische Liturgie einstimmen, die es beseelt. Für den Menschen, der mit der eucharistischen Natur der Schöpfung harmoniert, wird jeder Wunsch Wirklichkeit, sogar über jede Erwartung hinaus *Mitteilung der göttlichen Natur, Teilhabe an Gottes Ewigkeit, Vergöttlichung des Menschen* (hl. Maximus Confessor, 12. Jh.). Wer lobt, segnet und Dank sagt, stimmt ein in den Gesang der Welt, erreicht so die ewigen Gipfel und nimmt teil an Gottes Freude (hl. Irenäus, 2. Jh.), aber er stimmt auch in den Gesang des Himmels ein, denn sein Lob trifft das der Engelchöre, *die ohne Unterlass die Triumph- und Mystikgesänge mit einem Gefühl der tiefen Ehrfurcht zum Ruhme des dreimal heiligen Gottes hauchen* (Johannes Chrysostomos, 4. Jh.) .

Daher beschreibt der heilige Paulus diese Lebensweise, die Lebensweise Jesu im Evangelium, knapp mit einem Satz: *Ob ihr also esst oder trinkt oder etwas anderes tut: Tut alles zur Verherrlichung Gottes!* (1 Ko 10, 31) Der heilige Basilius der Große verbietet in seiner Mönchregel, dass in der Gemeinschaft

27 *Les noms divins*, IV, 4, Le Cerf.

eine mürrisch verrichtete Arbeit geleistet wird. Der heilige Benedikt, der Patriarch der westlichen Mönche (5. Jh.), ermahnte dazu, jede Geldgier bei Geschäften zu meiden, *damit Gott in allen Dingen verherrlicht werde*, und er forderte, alle Arbeitsgeräte im Kloster sollten mit dem selben Respekt behandelt werden wie die heiligen Gefäße am Altar, da die Arbeit wie eine Liturgie sei, ein Gott angenehmes Opfer, wie auch Theodoros Studites sagte.[28]

## *Das große Sakrament des Lebens*

Unser ganzes Leben soll also zur Liturgie werden und von daher wird unsere Beziehung zur Welt der Dinge völlig umgekrempelt: Jede Bewegung wird zur Begrüßung einer Gegenwart. Durch das Wort wurde die Welt erschaffen, *in ihm wurde alles* erschaffen, *alles ist durch ihn und auf ihn hin geschaffen* (Kol 1, 15–20), und *er erfüllt alles* (Eph 4,10). Bevor er selbst sichtbar in die Welt kam, *stützte Er unsichtbar alle geschaffenen Dinge und war in der Schöpfung eingetaucht*, sagt der heilige Irenäus, und als er *auf sichtbare Weise kam, war er auf seinem eigenen Gebiet…, um alle Dinge in sich zusammenzufassen.*[29]

Aber es geht noch weiter. Denn von Anfang an verbreitete sich in jüdisch-christlichen Kreisen eine Vorstellung, die z. B. der hl. Irenäus, der hl. Hippolytos aus Rom und viele andere vertreten, die besagt, dass die Liebe Gottes als Essenz aller Dinge im Kreuz Christi gipfelt. Dieser schenkte sein Leben nicht nur für den Menschen, sondern *prägte allem sein Kreuz auf.* Einer der schönsten Texte stammt von einem anonymen Autor aus dem dritten Jahrhundert:

---

28 Placide Deseille, *La Gloire de Dieu*, Ed. Monastère St. Antoine-le-Grand, p.79.

29 *Contre les hérésies*, Le Cerf.

*Dieser Baum ist der feste Halt des Universums, Band zwischen allen Dingen, Träger des ganzen bewohnten Erdreiches, kosmisches Geflecht, das in sich die ganze Buntheit der menschlichen Natur umfasst; er berührt mit dem Wipfel den Himmel, festigt den Boden mit seinen Wurzeln, und in der Mitte umarmt er die ganze Luft mit seinen unermesslichen Händen... Der Gekreuzigte ist zur Gänze überall in allen Dingen.. gibt allem Leben und Kraft wieder, da alles erfüllt ist von göttlicher Ausdehnung und von der Marter am Kreuz.*[31] Teilhard de Chardin deutete die erlösende Gegenwart Christi als allgemeine Feuersbrunst aller Dinge, heimliche Weißglut der Materie, so dass er die berühmte „Messe sur le Monde“ zelebrieren konnte. Es geht also um das Passahfest Christi, das Kreuz hat nur Sinn, wenn es zum Leben führt, zum Leben des auferstandenen Christus, *blendende Mitte, in der die zahllosen Fasern des vielfältigen Universums zusammenlaufen*, die Er unaufhörlich vom Nicht-Sein ins Sein bringt, die er erschafft und wieder erschafft, vom Fall wieder befreit. Da liegt letztlich der Sinn der Schönheit. Die Aura eines Dinges ist keine Nuance der Oberfläche, sondern kommt aus der Tiefe, die uns das geheime Mysterium der ganzen Schöpfung vermittelt.

Allein das Gebet und die reinigende Askese erlauben uns, so tief einzudringen. Dann nämlich hören wir auf, uns mit dem trügerischen Äußeren gleichzusetzen, und kehren zur Quelle zurück. Da wachen wir auf, ein neues Bewusstsein erscheint, während das Ego zurückweicht und nicht mehr die Gegenstände beurteilt. Wir überlassen uns ohne Reflexion dem Schönen, so dass wir in einen Zustand der Bewunderung, in ein Gefühl der Ewigkeit und Fülle, in eine Erfahrung des Eins-Seins mit allem Existierenden geraten. Daraus sprudelt eine riesige Dankbarkeit. Aber umgekehrt ist es auch so, dass, wenn alles mit Dankbarkeit empfangen wird, das Ego schweigt und schließlich ver-

---

31 „Homélie Pascale“ , cité par de Lubac *Catholicisme*, Le Cerf, p.408.

schwindet, das Nicht-Urteilen hebt die Distanz auf: Das Sein der Dinge kommuniziert mit dem inneren Sein. *Hier und von hier aus, in Ihm und durch Ihn werden wir alles halten und alles befehligen. Dort wird der geringste unserer Wünsche aufgenommen und kann sofort das Universum im Mark erschüttern. In dieser göttlichen Umwelt befinden wir uns im Kern der Seelen und im Dichtesten der Materie. Hier entdecken wir den Zusammenfluss alles Schönen,. und gleichzeitig die Fülle unserer Tat- und Anbetungskraft.*[31] Die Verschmelzung des Bewunderers mit dem Bewundertem ist keine Konfusion, sondern im Gegenteil eine zutiefst dialogische Erfahrung der „Ich-Du"-Beziehung. *Gott ist uns nicht fern in dem, was an Ihm am Lebendigsten und Fleischlichsten ist. Er erwartet uns jederzeit in der Tat, im Werk des Augenblicks. Er ist sozusagen an meiner Feder, meiner Spitzhacke, meinem Pinsel, meiner Nadel, meinem Herzen, meinen Gedanken…*[32]

Nicht nur, dass uns Raum, Zeit und Materie nicht mehr von Gott trennen, sie werden sogar zum Tempel seiner Gegenwart und machen aus unserem Leben ein Fest der Begegnung.

Das Bewusstsein, von der Askese eingeübt und von der Eucharistie erleuchtet, vereint sich immer tiefer mit dem kosmischen Bewusstsein Christi und arbeitet so an der Verwandlung der Welt mit. Das ist die wesentliche „Aufgabe" des Menschen, das Gebären einer neuen Schöpfung in Gott. Die Welt offenbart sich als Kirche, deren Altar das Herz des spirituellen Menschen ist. Der Priester dieser allumfassenden Feier ist der Mensch, das Brot die Materie, der alltägliche Gegenstand, der jederzeit der „Epiklese" seines Segens anvertraut ist und auf diese Weise sein wahres Gesicht offenbart. *Statt dessen segnet; denn ihr seid dazu berufen!* (1 P 3, 9) Der heilige Petrus fasst so die ganze Berufung des Menschen zu diesem großen Sakrament des Lebens

---

31 Teilhard de Chardin, *Hymne de l'Univers*, Le Seuil, p. 224.
32 Id., ibid., p. 135.

zusammen, das darin besteht, alle Dinge zu loben und zu segnen, damit die allgemeine Auferstehung schneller kommt, die schon seit der ruhmreichen Kreuzigung im geheimen wirksam ist. Dem, der am Kreuze hängt, ist *das Herz offen wie ein Tor hin auf die unaussprechliche Liebe,*[33] um der ganzen Menschheit und der Materie selbst ein Auferstehungsgesicht zu schenken.

33 Olivier Clément, *Le visage intérieur*, Stock. p. 40.

## 9. Kapitel

# *Durchbruch ins Jenseits*

*Was ich im Leben am meisten liebe, ist das Ewige in ihm.*
Stan Rougier

Wenn es mit der Wirklichkeit so steht, wie bisher beschrieben, dann entgeht uns das Wesentliche im Leben – wir leben nicht wirklich. Wir müssen lernen, zum jenseitigen Herzen der Dinge durchzudringen und unser Leben nur noch nach dieser allgegenwärtigen Tiefendimension ausrichten. Wir müssen spüren, wann und wie diese andere Dimension uns berührt, damit wir immer zugänglicher werden und den Ruf zur Wandlung vernehmen können.

Hier kann man nur mit Entschlossenheit vorankommen. Niemals in der Menschheitsgeschichte konnte ein Zauderer oder ein sich nur zum Teil einsetzender Mensch zum Heiligen werden oder ein Meisterwerk schaffen. Hier wird völlige Hingabe notwendig sowie eine Entschlossenheit, die alle Energie eines Menschen in eine einzige Richtung bündelt. Das Wort Christi: *Geh, verkaufe deinen Besitz, dann komm und folge mir nach* (Mt 19,21) meint, dass alle Absicherungen fallen gelassen werden und im Herzen ein einziges Ziel gilt: *Euch muss es zuerst um sein Reich und um seine Gerechtigkeit gehen.* (Mt 6, 33)

Wie weit und wie schnell die spirituelle Erfahrung fortschreitet, das hängt auf der Seite des Menschen von der Intensität seiner Umkehr und von der Kraft seiner Ausrichtung nach innen ab. Die nach innen gehende Kraft, die Beharrlichkeit und Entschlossenheit der eingesetzten Energie ergeben das Maß dieser

Intensität: *Der Eifer für dein Haus verzehrt mich.* (Jh 2,17) Nach und nach werden wir einer Ganzheit gewahr, die nicht gleichsam eine Erweiterung des mentalen Blickfeldes ist, sondern aus einem anderen Zustand, dem Blick durch die Unendlichkeit des Geistes kommt. Wir hören auf, Menschen und Dinge nach dem äußeren Schein und Begrenzungen zu beurteilen, denn wir stellen alles unter den Aspekt des Wesentlichen und finden darin das Göttliche. Es gibt nicht mehr einerseits das spirituelle Leben und andererseits das materielle oder profane Leben. Dieses ist das Vehikel des anderen, sein Kanal und bald sogar sein Ausdruck. Wir können die Gegenwart Gottes, seine Freude in der Materie und hinter jeder Form des Lebens spüren. Jede Bewegung offenbart etwas vom Spiel des Universums, von der Glückseligkeit des Seins, und verbindet sich mit den anderen jenseits aller sichtbaren Gegensätze zu einer kaum fassbaren Harmonie. Alles im Leben verwandelt sich in diese einzige Freude, und wir sind begeistert angesichts der Glückseligkeit, die jedem Menschen bestimmt ist.

## *Reinigung, Sammlung, Verschmelzung*

Aber in der Praxis dürfen wir nie von den drei Grundprinzipien abweichen, die auf dem Weg gelten: Reinigung, Sammlung und Verschmelzung.

Reinigung, weil es keine *Freude in Fülle* (Jh 17, 13) gibt, solange unser Wesen geteilt ist.

Daher die Bedingung: Alles verwerfen, was der Absicht entgegensteht, jede Unordnung und jedes Anhaften beseitigen, frei werden von den Leidenschaften, die alle im Grunde nur das eigene Vergnügen suchen, was eine Quelle der Trauer und der Zersetzung ist.

Die Energie, die auf diese Weise freigesetzt wurde, wird durch Sammlung ausgerichtet und zu einem Höhepunkt gebracht. Wie weit jemand auf dem Weg kommt, hängt immer von seiner Fähigkeit zur Sammlung ab. Das Karussell der vielen Gedanken muss beherrscht werden. Jedoch, so muss man nochmals betonen, eine auf das Wollen abgestellte und angespannte Konzentration erreicht das Ziel nicht. Was man braucht, ist eine ganz offene Aufmerksamkeit, ein objektfreies Bewusstsein ohne Einwirkung des urteilenden oder sonst wie reagierenden Ego. Es ist ein Gegenwärtigsein der Gegenwart. Diese thront im Herzen des Menschen; da ist Achtsamkeit, ein „Zuhören" des ganzen Wesens an diesem Ort, wo alles sich sammelt; das findet in der Herzgegend statt, in der Höhe des Brustbeins, am Sitz des spirituellen Herzens. Wie bereits erwähnt, gelangt man dorthin durch das Gefühl und vorzugsweise durch das Gefühl der Freude. Alles, was dem entgegensteht – Angst, Rachsucht, Ressentiment, Pessimismus oder Aggressivität –, hemmt diese Bewegung und taucht das Herz in Finsternis. Das Gefühl der Freude dagegen öffnet das Herz, macht es weit und füllt es mit Licht.

Erst dieses Gehen in die Tiefe schließt das Herz des Menschen durch die ihn beseelende Gegenwart an das kosmische Herz an und verschmilzt allmählich mit ihm. Die Verschmelzung ist das dritte Grundprinzip auf dem Weg. Derjenige, dessen Herz eines Tages durch die Gnade der Verschmelzung entflammt, spürt diese Gnade in all seinen Gedanken und in allen Gliedern, denn das Herz beherrscht alle Organe, sagt der heilige Maximus Konfessor (7. Jh.). Der heilige Niketas (4. Jh.) erklärt, dass im Herzen die Gegensätzlichkeit zwischen Fleisch und Geist aufhört, denn dort treffen alle spirituellen, psychischen und körperlichen Kräfte des Menschen zusammen. Durch das Herz – und nur durch das Herz – kann er mit allem Existierenden eins werden. Sein Herz leben heißt das Herz der Welt leben. Dieses Leben des Herzens erfüllt den ganzen Leib mit warmer Energie und bringt den Menschen in Kontakt mit der kosmischen Energie, denn der Kosmos ist eine Ausdehnung seines Leibes. Es ist wichtig, dieses bewusst zu erleben, sehr konkret die Wärme dieser Gegenwart in seinem Leib zu spüren, *alles in Gott zu fühlen* (hl. Isaak, 6.Jh.). Die demütigste und einfachste, fleischlichste und realistischste alltägliche Erfahrung führt zur wahren Erkenntnis, also zu einer Umstellung im Bewusstsein.

Die drei Prinzipien hängen eng zusammen. Das nicht gereinigte Herz ist den Leidenschaften ausgeliefert, man kann den Weg nicht gehen ohne diesen ersten Schritt der Entsagung. Nur wenn die Gier schweigt, kann man sich wirklich ganz sammeln: *Darum sollst du den Herrn, deinen Gott, lieben mit* ***ganzem*** *Herzen, mit* ***ganzer*** *Seele und mit* ***ganzer*** *Kraft* (Dt 6,5).

Die Betonung liegt klar auf der ungeteilten Ganzheit unseres Wesens. Es führt zu nichts, wenn man nur halbherzig dabei ist. Nur die Sammlung wird schließlich den Schleier lüften, den unsere Psyche zwischen uns und der Wahrheit gespannt hat, damit wir mit der Wirklichkeit eins werden.

## *Das Wunder der menschlichen Existenz*

Die innere Dynamik dieser drei Prinzipien, ihr „Motor", ist die Liebe. Dieses Wort wurde leider im Sinne einer Emotion oder Gefühlswallung gebraucht und wird jetzt mit allen Arten der Pornografie zusammengebracht, während es dabei in Wirklichkeit um das Leben selbst geht, um die Offenbarung Gottes und um die Gipfelerfahrung eines jeden Wesens. Nur in der Liebe können wir leben, wirken und uns bewegen. Allein die Liebe reinigt, vereint, schafft Gemeinschaft und erlaubt schließlich durch Veränderung des Bewusstseins höchstes Glück. Die Liebe ist der Schlüssel und das Geheimnis jeder Freude. Beide sind untrennbar, weil seinsmäßig ineinander enthalten: *Dort, wo am meisten Freude ist, ist auch am meisten Wahrheit*, sagte Paul Claudel.

Die höchste Stufe der Liebe ist die totale Vereinigung bis hin zur gegenseitigen Besitznahme, wo sie dann allumfassend wird. Diese Liebe kennt keinen Feind mehr und keine Unannehmlichkeiten: sie ist wie die Sonne, die für jeden, ob gut oder böse, scheint. Sie lebt in der überall gegenwärtigen Vision der Schönheit und der das ganze Universum und alle Dinge durchdringenden Freude. Man hat diese Freude mit einem Äther der Glückseligkeit verglichen, ohne den nichts auch nur einen Augenblick atmen oder leben kann. Dass diese allumfassende Freude erlebt werden kann, liegt daran, dass sie auch in der Tiefe unseres Herzens wohnt.

Wenn wir die Welt mit Sehnsucht nach der in allem enthaltenen Freude anschauen, geschieht es darum oft, dass der Schleier fällt und eine immanente, umhüllende und alles durchdringende Gegenwart sich unserem inneren Sinn aufdrängt. Das ist ein Zeichen der Verwandlung unseres Tiefenbewusstseins. Jetzt kann es über Außenflächen, Gestalt oder Farbe hinweg die wahre Wirklichkeit erkennen. *Das sichtbare Geschöpf ist das Kleid des Wortes Gottes, sagt Skotus Eriugena* (9. Jh.), ein wörtliches Zitat des hl. Maximus Konfessor.

Der liebende Blick wird unaufhörlich von allen Dingen magnetisch angezogen, aber dahinter verbirgt sich die Freude über die Begegnung mit dem Geliebten. Wir müssen die Welt und die weltlichen Dinge nicht mehr meiden, sondern müssen sie im Gegenteil bis ins Innerste aufsuchen, bis in das Tabernakel ewiger Gegenwart. So verbinden sich Liebe und Freude in uns, bis durch Übung und Gnade eine Gewöhnung entsteht, ein Bewusstsein der Glückseligkeit, welches das Leben nunmehr auf radikal neue Weise auffasst. Das Leben soll als Kommunion erlebt werden, daraus entspringt für immer unsere Freude.

All unsere Gedanken, all unsere Impulse, unsere Gefühle, unsere Handlungen bleiben jetzt noch äußerlich, wir müssen funktionieren, aber eines Tages werden sie zu einem Sprudeln der Quelle aus unserem Urgrund; die Angleichung wird so stark sein, dass Er, der Herr, sich durch jede Äußerung unseres Seins kundtun wird. Alles in uns wird als Vehikel seiner Gegenwart und seines immer neuen Kommens aufgefasst.

Von dieser inneren Quelle gespeist, erreicht der Mensch die Einheit und sieht überall dieselbe Wirklichkeit. Die Ereignisse selbst werden dann zu Gottes Boten und zu Wegen, die er sich bahnt, um zu uns zu kommen. Davon bleibt nichts aufgespart, wie wir sagten, das Leid selbst kann von seinem strahlenden Glanz umgeben sein, da es durch die Gemeinschaft mit Ihm zur Freude wird. Diese Gemeinschaft ist der Ort, wo die Wandlung wirkt, sie ist das echte Wunder der menschlichen Existenz, das Tor, das in die allumfassende Glückseligkeit führt.

## *Der Leib als Weg der Transparenz*

Wie aber erreicht man dieses Tor? Durch eine radikale Umkehr! Dieser neue Zugang zu sich selbst und zum Leben ist dem „alten Menschen“ versperrt. Er kann ihn weder durch Besserung, noch durch zusätzliche Anstrengung, durch „Entwicklung der Persönlichkeit“ oder „Erweiterung des Bewusstseins“ erreichen. Es geht nicht darum, dass das Alte sich unter gleich bleibenden Umständen verändert, sondern darum, dass es stirbt und auf einer ganz anderen Ebene wieder aufersteht. Denn hier sind wir nicht auf dem Gebiet der Quantität, wo es um ein zusätzliches *Know-how* geht, sondern auf dem Gebiet des Seins. Es geht um einen Qualitätssprung, um eine Kehrtwende von 180 Grad, um eine Wandlung der Beziehung zu sich selbst und zur Welt. Was auf dem Spiel steht, ist die Transparenz. Der Mensch muss so transparent werden, dass er sich völlig der Gegenwart des Seins in sich bewusst ist, dass er darüber eine Erfahrung besitzt und die Verantwortung trägt, davon in der Welt Zeuge zu sein.

Ein neues Bewusstsein kann erst entstehen, wenn der Mensch im Innern seines „Ich“ durch das göttliche „Du“ als Quelle ergriffen wird. Im Urgrund unseres Wesens sind beide eins, es gibt keine Zweiheit und trotzdem kein Durcheinander. Man kann es in Worten kaum ausdrücken, aber die Erfahrung sprengt das

Festgefügte und öffnet dem göttlichen und allumfassenden Bewusstsein den Weg. Wenn der Mensch aber ein anderer wird, verändert sich auch seine Sicht. Es ist wie ein Sprung aus dem alten Leben in eine ganz andere Wirklichkeit. Wenn es so steht, wird als Grundhaltung im Leben selbstverständlich das Hören die zentrale Rolle übernehmen. Sie steht im Gegensatz zu der gewöhnlichen Haltung, zu einem feststellenden, objektivierenden, analysierenden und die Welt zergliedernden Bewusstsein, das alles auf Distanz hält. Dieses Bewusstsein gleicht mehr einem Pfeil, jenes mehr einer Schale. Das Pfeil-Bewusstsein hat seinen Sitz im Kopf, während das Schale-Bewusstsein seinen Sitz im Herzen hat, aber im Herzen als innerstem Leib des ganzen Leibs. Mit seinem ganzen Wesen empfängt der Mensch das Sein.

Jedoch hört der Leib auf, ein Objekt und ein von uns selbst objektiviertes Etwas zu sein, also ein kleines, abstraktes, mentales Gefängnis, wenn diese Wandlung ihn erfasst. Vollkommene körperliche Entspannung ist unerlässlich, so wie ständige Bemühung um den rechten Schwerpunkt im Beckenraum und um eine Atmung, die uns zur kritischen Wachheit, zum Loslassen und Eingehen in den Grund führt. Zu sehr wurde die berühmte Feststellung Christi außer acht gelassen, in der er über den Leib des Menschen sagt: *Ein anderer Teil fiel auf felsigen Boden, wo es nur wenig Erde gab; als aber die Sonne hochstieg, wurde die Saat versengt, weil sie keine Wurzeln hatte.* (Mt 13, 5–6) Der heilige Paulus sagt auch: *In der Liebe verwurzelt und auf sie gegründet, sollt ihr fähig sein, die Länge zu ermessen.* (Eph 3, 17) Es ist doch bekannt, dass in semitischen Sprachen und vor allem in der christlichen Tradition jedes Wort Fleisch werden und eine leibliche Realität haben muss[34] Wie sollte der Mensch denn Zugang zu den Wurzeln der Lebewesen und der Dinge bekommen, wenn er selbst keine Wurzeln und keine tiefe Erdung besitzt?

---

34 s. *Das Jenseits in uns*, A. u. R. Goettmann.

Ist der Mensch erst entspannt und zentriert, wird er nach und nach von der Versklavung durch sein kleines Ego befreit. Erst durch dieses „Wurzelschlagen“, diese Zentrierung wird der Leib zu einer Brücke ins Jenseitige. Der Mensch wird im Innersten des Inneren verankert und braucht diese Egozentrik nicht mehr, braucht nicht mehr in einer verschlossenen Welt mit seelenlosen Gegenständen zu hausen. Jetzt speist er sich aus dem Sein wie der Bach aus der Quelle, und die fortschreitende Transparenz befreit ihn von weltlicher Abhängigkeit und äußerlichen Bindungen. Er besitzt den nötigen Abstand zu allem, verfügt über die nötige Sammlung, die es ihm im Alltag ermöglicht, ständig in den Jubel an der Wurzel jedes Augenblicks einzustimmen.

## *Alles in Gott empfinden*

Der Leib übt auf seinem Weg der Transparenz durch die fünf Sinne, *offene Fenster ins Unsichtbare*, wie sich die Kirchenväter oft ausdrücken. Die ganze Pädagogik der Liturgie gründet sich deshalb auf die sinnliche Erfahrung, weil dadurch unser ganzes Leben zu einer Feier der Transparenz wird und der Begegnung mit Dem, der alle Dinge bewohnt. Alles ist ein Sakrament seiner Gegenwart, aber es bedarf der Liturgie, um unsere Sinne dafür zu öffnen. Die Augen füllen sich mit dem Glanz der Ikonen und sind in göttlicher Herrlichkeit gehüllt, der Blick wird innerlich und sonnenhaft, er vermag überall das ihm Gleichartige zu erkennen. Das Gehör wird vom Gesang gewiegt, dessen Atem das Wort Gottes in das Herz des Menschen bringen kann; dort, in der Stille, vernimmt er den Klang jenseits aller Klänge, das Wort. Der Geruchssinn ist wie der Gesang untrennbar mit der Atmung verbunden: Der Weihrauch hilft auf den mystischen Weg, so dass Christus überall an seinem ganz besonderen Duft erkannt wird. Der Geschmackssinn wird in der ganzen Liturgie eingeübt und erreicht den Gipfel bei der Kommunion: Indem wir dieses Stück Brot schmecken, erfahren wir, dass das Unendliche im Endlichen der Dinge steckt und die Ewigkeit in der jetzt vergehenden Sekunde. Daher die unaussprechliche Aura, die aus allem, was einen Namen trägt, erstrahlt, die überlegene Qualität, die über alles hinaus auf eine andere Realität hinweist, auf die *Durchsichtigkeit des Seins, das allumfassende Lächeln aus dem Herzen jedes Dings* (Teilhard), die man nur „schmecken" kann.

Der Tastsinn schließlich ist ein globaler Sinn: Während der ganzen Liturgie berührt uns der tote und auferstandene Christus ständig ganz, und wir berühren ihn bis in die Intimität unseres Atems. Er atmet in uns und wird bei der Kommunion *Fleisch aus meinem Fleisch, Blut aus meinem Blut* (hl. Gregor Palamas, 14. Jh.).

Wir sind Gott durch das Fühlen unendlich näher als durch das Denken! Denn wenn Gott unter meine Haut gegangen ist, spüre ich es! *Nur Leichen spüren nichts.* (Hl. Symeon der neue Theologe, 11. Jh ) Hier geschieht die völlige Identifikation im Sakrament. Außerhalb der Liturgie heißt *Unsterbliches Leben alles in Gott zu spüren* (hl. Isaak der Syrer, 6. Jh.), denn *wer nicht hört, nicht sieht und nicht spürt, ist spirituell tot* (hl. Gregor Sinaites). Welche Methode dazu im Alltagsleben angewendet werden kann, sagt uns schon im 2. Jahrhundert der heilige Klemens von Alexandria. Sie ist einfach und unmittelbar, wie die liturgische Pädagogik selbst: *Man kann erahnen, was Gott ist, wenn man sich bemüht, die Wirklichkeit eines jeden Wesens zu erreichen und nicht zu weichen, bevor man nicht auch das Jenseitige des Wesens erkannt hat. Wir betrachten an den Dingen nicht mehr die Physis, also die Abmessungen, Dichte, Breite, Länge... Jenseits davon entdecken wir die Unendlichkeit Christi und schreiten durch seine Heiligkeit bis zum Gipfel seiner Unendlichkeit, bis dass wir den Allmächtigen erahnen.*[35]

35 *Stromates* V, 11, cité par Olivier Clément, *Sources*, Stock, p. 202.

Das Wort „bis" zeigt, dass man stufenweise vorgeht. Die Gegenwart zu spüren kann bedeuten, eine gewisse Ahnung zu haben oder aber eine klare Erkenntnis von Angesicht zu Angesicht. Auf zehn Meter Entfernung kann ich einer Flamme schon gewahr werden, aber je näher ich komme, um so mehr spüre ich ihre Wärme, und wenn ich mich ins Feuer werfe, dann erst werde ich selbst zu Feuer…

Und so bietet das „sinnfällige" Leben von Augenblick zu Augenblick dem Suchenden die Fülle, die große Freude. *Ich liebe das Leben!* sagte Meister Eckhart. Man muss es nur wollen und immer suchen! Der Mensch kann nach und nach sein ganzes Wesen umorientieren, die äußeren, leiblichen Sinne reinigen, die allmählich spiritueller und immer fähiger zu einem ständigen Kontakt mit der „vergessenen Dimension" der umgebenden Wirklichkeit werden. Der Kontakt zu Gott ist unmittelbar, denn Christus hat *alles vollbracht* (Jh 19,30): wenn Er *das Fleisch meines Fleisches, das Blut meines Blutes*[36] ist, so ist das eine objektive Wirklichkeit, aber um sie zu vernehmen und zu erfahren, muss man jede Überlagerung vermeiden. Das ist die Leistung der Askese: Solange der Mensch von seinen Leidenschaften gefangen gehalten wird, sieht, hört und fühlt er nur das Objekt seiner Begierde. Seine Erfahrung bezieht sich auf das, was ihn in Beschlag nimmt. Die Transparenz nimmt im Maße des Loslassens zu. Es entsteht ein Vakuum, damit die wirkliche Fülle zu Bewusstsein kommt. *Für Gott ist kein Platz in einem überfüllten Herzen*, sagte die hl. Teresia von Avila. Besessen sein kann man vom Geiste dieser Welt oder von dem der jenseitigen Welt, man kann vom Satan besessen sein oder von Gott…Die Leidenschaften schaffen eine Hölle des Eingesperrtseins, die Freiheit dagegen öffnet das Tor zur himmlischen und grenzenlosen Freude.

---

36 S. dazu *Leidenschaften bringen uns um*, A. und R. Goettmann.

## 10. Kapitel

# *Das Christentum als Tradition des Staunens und Segnens*

*Ich habe dich geschaffen, um dir das Geheimnis der Welt,*
*das Geheimnis meiner Freude zu zeigen.*
Stan Rougier

Wir wissen nicht mehr, wer der Mensch ist, noch welchen Sinn sein Leben hat. Bekennen wir es sofort und im heutigen Kontext völlig unzeitgemäß: Der Mensch ist zum Loben geboren! Wenn er nicht lobt, leidet er an unerhörter Not und Absurdität seines Lebens. Dass Loben heutzutage schwierig ist, ist nicht zu bestreiten! Aber es kann vielleicht ein erster Schritt sein, es „trotzdem" zaghaft zu versuchen. Am Anfang steht die staunende Bewunderung. Unsere Zeitgenossen, denen jeder Ritus oder religiöse Feier fern liegt, können jedoch feststellen, dass sie nach einer ganz anderen Dimension dürsten als dem Alltäglichen und sie dauernd danach in Museen, am Meer oder im Gebirge, in seltsamer und unerwarteter Umgebung oder in der Euphorie des sportlichen Wettbewerbs suchen. Sie brauchen um jeden Preis die Überraschung, die Verblüffung und die Bewunderung.

## *Den Druck der Zeit entweichen lassen*

Nur wenige wissen, wie die Erfahrung wirkt, wichtig ist, dass es sie gibt, damit man sie genießen kann. Aber zu wissen, was geschieht, ist vielleicht noch wichtiger, denn dann könnte es einen Weg geben, auf dem Erfahrung sich nicht mehr auf Zufall, sondern auf Entwicklung stützt. Es geschieht, dass man sprachlos ist und sein Ego verlässt. Plötzlich fühlt man sich nicht mehr besetzt wie gewöhnlich, es entsteht eine seltsame und unbekannte Freiheit, als ob man die Undurchdringlichkeit dieser Welt hinter sich lassen würde, um die Wirklichkeit hinter aller Wirklichkeit zu erreichen. Man wird vom Unfassbaren erfasst. Die Schönheit ergreift uns, der Schleier wird gelüftet, und wir spüren, dass der Mensch zu einer grenzenlosen Freude bestimmt ist. Es ist also wie ein Ruf zu einem veränderten Leben, das aber erst gedeihen kann, wenn die staunende Bewunderung in dem Menschen stärker ist als die Frustration, das Schuldgefühl und die Kritiksucht, die ihn ständig von Gott entfernen.

Wenn die staunende Bewunderung überwiegt, öffnet sich das Jetzt auf das *eigenartige Plötzlich*, wie Plotin sich ausdrückt, d. h. auf die Ewigkeit mitten in der Zeit. Es ist ein himmlischer Augenblick, ein Eintauchen in den Urimpuls der Schöpfung, in den Berührungspunkt mit dem Urprinzip. Durch staunende Bewunderung entweicht der Druck der wiederholenden und todbringenden Zeit, der Zeit der Verkrampfung auf das Nicht-Sein und des Taumels der Vernichtung, und die Zeit des Wunders, die Zeit der Feier als wahre Substanz setzt sich durch. Diese Erfahrung der absoluten Gegenwart zeigt, dass durch Gnade der Gegensatz zwischen Zeit und Ewigkeit aufgehoben werden kann. Wir begegnen unserem innersten Selbst, da das Mysterium unseres Seins aus dem Sein Gottes kommt, unser eigenes Bewusstsein mit dem transpersonalen Bewusstsein zusammentrifft.

Staunen… Goethe hatte Recht, als er zu Eckermann meinte, *das Höchste, was der Mensch erreichen kann, ist Staunen, nichts Wichtigeres kann ihm vergönnt sein.* Im Staunen gipfelt die Bewunderung. Es ist wichtig, weil im Staunen die Gegensätze einander aufheben und der Mensch vom Seelischen zum Geistigen, vom Psychischen zum Ontologischen übergeht, dorthin, wo gerade der Bund zwischen Ewigkeit und Zeit das Jetzt als einzigen Ort der Verabredung zwischen Gott und Mensch aufblitzen lässt.

Die staunende Bewunderung ist also wahrscheinlich nichts anderes als die Liebe in ihrem Ursprung. Durch die Liebe gewinnt das Staunen an Dauer, und es entsteht eine Stimmung hochzeitlicher Freude, die sich unendlich fortsetzen kann. Hier schweigt das Geistige, es herrschen keine Gottesbegriffe mehr, die der Gottesbegegnung im Wege stünden, staunend treten wir in direkten Kontakt zu Ihm.

## *Die Unschuld des Heiligen und des Kindes*

Daran erkennen wir den Heiligen, dass Staunen bei ihm zu einem Dauerzustand wie beim Kind geworden ist. Wo das Ego schwindet, fallen die Masken und die kulturellen Schranken, unendliche Perspektiven eröffnen sich seinem Blick. Für den Heiligen hängt alles zusammen, alles lebt in einer umfassenden Harmonie, als wäre ein einziges Bewusstsein in den vielfältigen Bildern am Werk. Deswegen beeindruckt uns ein Heiliger so sehr, deswegen fühlen wir uns auch von kleinen Kindern so mächtig angezogen: Bei ihnen entdecken wir eine andere Art zu leben. Ihr ständiges Staunen ist Selbstentäußerung und Verklärung durch das innere Licht, volle Zustimmung zu dem, was ist. Die Vergangenheit ist nicht mehr, die Zukunft ist noch nicht, allein das Jetzt lebt, ein unerschöpfliches Reservoir der Hoffnung und der Freude.

Aber während Staunen zum Tor der inneren Befreiung führt, verschließen es die Dämonen des Richtens und der Verachtung. Hier bleibt die Welt alt, sich selbst immer gleich, eine erloschene und tote Welt. Dort dagegen ist sie jung, an der Wurzel der Gegenwart und der Kreativität, Quelle unerwarteter Entdeckungen. Hier Abwesenheit und Überdruss, dort Gegenwart und Leben. Eine höllische Traurigkeit lastet auf den Menschen, die sich mit sich selbst beschäftigen; ihr Ego verstellt ihnen stets die Transparenz der tiefen Freude. Sie werden von der Last des Schicksals erdrückt, und der ewige Glanz Gottes in den Dingen bleibt für sie verborgen. Diesen Glanz sehen dagegen die kleinen Kinder und die Heiligen, die sich nicht selbst anschauen und für die die Dinge kein Besitz und keine Spiegelung des Ego sind, sondern Zeichen des Schöpfers und Gelegenheit zum Lobpreis. Dort ist das bescheidene Herz, das so liebt, dass es überall den Geliebten sucht und findet.

Der Übende entdeckt also die Welt im Licht der begeisterten Freude neu. Sein Blick hat sich von Gedächtnis und Projektionen losgelöst, vom „das habe ich schon gesehen, das kenne ich schon" der Gewohnheit befreit. Es ist, als würden die Augen die Welt zum ersten Mal sehen, sie kommt aus den Händen Gottes, und Gott wiederholt sich nie. Das aber bleibt den Hochmütigen und Richtenden verborgen, denn sie werden nicht vom Heiligen Geist angetrieben und verharren in der Verblendung ihrer eigenen Finsternis. Dies erklärt, warum Jesus, der ganz vom Heiligen Geist erfüllt war, Er, der das Kind schlechthin und der einzige wahre Heilige war, in ständiger staunender Bewunderung lebte. Unaufhörlich weist er seine Mitmenschen auf die andere Dimension hin und versucht, ihnen die Augen für die Schönheit der Welt zu öffnen: *Lernt von den Lilien, die auf dem Feld wachsen, seht euch die Vögel des Himmels an…* Alle Gleichnisse sind wunderbare Märchen, die den unerhörten Scharfsinn dieses kontemplativen Blickes herausstellen! Oft ist Jesus *bis in den Schoß gerührt*, er *zittert vor Freude* oder *frohlockt* unter der Wirkung des Geistes. Der Glaube des Zenturio oder der Kananäerin ergreift ihn, die Nächstenliebe der armen Witwe bewegt ihn, und selbst vor dem Leichnam seines besten Freundes Lazarus sagt Er Dank, da der Augenblick gekommen ist, mit der unaussprechlichen Liebe seines Vaters, *dem nichts unmöglich ist*, eins zu werden.

Wir sind alle aufgerufen, solch eine Unschuld des Herzens wiederzufinden. Das Staunen befreit uns vom Ego, lässt uns in unserem Geist wieder Wurzeln schlagen und hält uns im Kontakt mit dem *fröhlichen Licht*[37]. Wir sehen die Quelle des Lichtes, das Gesicht Jesu Christi selbst, und wir erstehen in Ihm neu, indem wir sein Erstaunen teilen. Dank der Verbindung mit Jesus nehmen wir am trinitarischen Leben teil. Für den Menschen ist das eine Gipfelerfahrung, eine endgültige Wiedergeburt. Sein Leben in Gott ist ein Zustand ewigen Staunens, eine Ekstase der Liebe, wie sie der Vater, der Sohn und der Heilige Geist erleben. Es ist ein gänzliches Sich-Verschenken in völliger Selbstentäußerung.

Das Staunen ergreift uns, sobald wir entdecken, dass unser Bewusstsein vom göttlichen Bewusstsein umfangen wird. Wir können seine Gegenwart spüren. Bei allen Mystikern ruft dieser Kontakt mit Gott Bewunderung und Begeisterung hervor; es ist wie der Hochzeitsgesang des Schöpfers im Herzen seines Geschöpfs. Zwangsläufig wird man feststellen müssen: Die staunende Bewunderung ist kein bloßes vergängliches Gefühl, sondern wurzelt in einer Tradition, der jüdisch-christlichen Tradition in ihrer Substanz. Zwar ging sie während der Jahrhunderte des Leidenskultes unter, was einer der hinterhältigsten Streiche des Dämons in der Geschichte des Christentums war, aber es bleibt richtig: Christentum, so schreibt Alexandre Schmemann, ist ohne die Freude sinnlos: *die große Freude ist der Hintergrund des Christentums, aus ihr bezieht alles andere seinen Sinn.*[38] Und jedes Mal, wenn in der Geschichte die Christen ihre Freude verloren haben, hat die Tradition als solche aufgehört zu bestehen. Dann gab es nur noch Institutionen, die allerdings Sinnlosigkeit verbreiten und niemanden retten! *Allein*

---

37 Alte Hymne, die immer bei der orthodoxen Vesper gesungen wird.
38 *Pour la vie du monde*, Desclée de Brouwer, p. 26.

*die freie, bedingungslose und uneigennützige Freude kann die Welt verwandeln.*[39]

Christus selbst führte seine Jünger in diese Tradition des Staunens und der Freude ein, als er nach seiner Auferstehung ihnen den Heiligen Geist einhauchte (Jh 20,22). Dies ist der Geist des Lebens und der Freude, den die Propheten angekündigt haben, der aber jetzt in Fülle über die Menschen kam.

Der Prophet Jesaja spricht ständig darüber; deshalb sollte man ihn immer wieder lesen und sich seine Texte einprägen:

*Die Wüste und das trockene Land sollen sich freuen, die Steppe soll jubeln und blühen, jubeln soll sie, jubeln und jauchzen... Man wird die Herrlichkeit des Herrn sehen, die Pracht unseres Gottes... Die vom Herrn Befreiten kehren zurück und kommen voll Jubel nach Sion. Ewige Freude ruht auf ihren Häuptern, Wonne und Freude stellen sich ein, Kummer und Seufzen entfliehen.* (Jes 35, 1–10)

Von jetzt an sind diese Prophezeiungen in vollendeter Weise in der Person Jesu Christi selbst verwirklicht, der seine Freude mit den Jüngern teilt (Jh 15,11). Von jetzt an kann man sagen: Wo Freude und Staunen sind, war der Geist Jesu am Werk. Dort, wo Geist ist, ist Freude, und dort, wo Freude ist, drückt der Geist sein Siegel der Tradition auf, um sie zu beglaubigen (Gal 5,22; Röm 14,17).

## *Das Staunen als Vorwegnahme des ewigen Lebens*

So wie Jesus seinen Jüngern den Heiligen Geist einhauchte, geben die Jünger diesen Geist an die Kirche weiter, für die das der Aufbruch in eine radikal neue Zukunft ist. Die Kirche ist die Wohnstätte des Geistes. Sie entsteht, lebt und bezieht ihren Wert nur aus der Freude.

39 *Ibidem*, p. 33 et 64–65.

Seit Pfingsten herrschen bei den Aposteln Frohlocken und Staunen: Jesus Christus ist von den Toten auferstanden! Nichts übertrifft diese Freude, mit der sie alle begeistern, auf die sie treffen. Man braucht nur die Apostelgeschichte und die Briefe zu lesen, um ihre Bewunderung und Begeisterung zu teilen, mit der sie diese Freude *bis ans Ende der Welt*, selbst im Leid und Martyrium bezeugen (2 Kor. 7,4; Phil 2,17 f.).

*Gepriesen sei der Gott und Vater unseres Herrn Jesus Christus: Er hat uns in seinem großen Erbarmen neu geboren, damit wir durch die Auferstehung Jesu Christi von den Toten eine lebendige Hoffnung haben. Ihr glaubt an ihn und jubelt in unsagbarer, von himmlischer Herrlichkeit verklärter Freude.* (1 Petr, 3–8)

Petrus ist von der Bewunderung so ergriffen, dass er sozusagen schon das ewige Leben lebt und an der göttlichen Herrlichkeit teilhat. Daher vermittelt man die Tradition nicht durch Reden, sondern durch Beispiel. Das deutende Wort, das die Erfahrung auslegt, war im Westen seit dem 13. Jahrhundert oft tödlich für die Theologie. Man muss zwischen der Sprache der Theorie und der Sprache des Zeugnisses unterscheiden. Die Sprache des Zeugnisses kommt aus übervollem Herzen, da taucht das uns innewohnende Wort Gottes auf, eine brennende Lava der Freude und Bewunderung, eine Stimme aus dem inneren Himmel, die andere mitreißt. Es ist ein Feuer, das sich sofort ausbreitet: *Als Jesus vorüberging, richtete Johannes seinen Blick auf ihn und sagte: Seht, das Lamm Gottes! Die beiden Jünger hörten, was er sagte, und folgten Jesus… Andreas traf zuerst seinen Bruder Simon und sagte zu ihm: Wir haben den Messias gefunden.* (Jh 1,35–51)

Wenn ein Mensch von der staunenden Bewunderung ergriffen wird, wird er auf einmal frei von jeder Außenlenkung und Egozentrik, wie wir bereits sagten, aber tritt auch aus Raum und Zeit heraus, es ist ein Nicht-Zustand. Der Staunende verschmilzt mit dem Sein; er tritt als Jünger in direkte Verbindung zum Meister, ganz gleich, ob dieser am Leben ist oder schon lange tot. Es herrscht absolute Aufnahmefähigkeit, und der Abstand verschwindet. Da liegt das wahre Geheimnis der christlichen Tradition, sonst ist sie nur noch tote Weitergabe, archäologisches Wissen über eine unbedeutende Episode der Vergangenheit von vor 2000 Jahren! Im Übrigen bestätigt dies die Erfahrung der Eucharistie. Dort lag der pädagogische Schwerpunkt der Apostel. Aber man sollte gar nicht von Pädagogik sprechen: Die Apostel leben aus dieser Fülle und wägen nicht alles ab. Erst wenn sie verloren gegangen ist, braucht man Methoden, Institutionen und Lehrbücher!

Die Sprache des Zeugnisses, welche die innere Erfahrung eines Menschen ausdrückt, ist der Segen, der immerwährende Dank. Die staunende Bewunderung führt allmählich zur Erkenntnis, dass alles Gnade ist: Daher muss für alles ohne Ausnahme gedankt werden! Der heilige Paulus betont es bei jeder passenden oder unpassenden Gelegenheit in seinen Briefen: *Dankt für alles!* (1 Th 5,17–18) Er sagt es auch bei unpassender Gelegenheit, weil „danken" in der Not, wenn nichts mehr geht, im Leid und in der Todesstunde nicht selbstverständlich ist. Nur wer auch bei „unpassender Gelegenheit" bis ins Absurde und Vernunftwidrige beharrlich dankt, ent-deckt im wörtlichen Sinne allmählich die Gegenwart der Gnade im Kern aller Dinge. Dieser Glaube wird in der Schrift offenbart, der auch bei Dürre und Leid dankt. Wenn aber daraus eine Haltung des ganzen Lebens wird, öffnet sich ein Weg zur Erfahrung der Glaubenswirklichkeit. Mit anderen Worten: Wir müssen bis zum Kern des Ereignisses vordringen. Dort ist die immer gegenwärtige „Tradition", wie ein großer unterirdischer Strom, und befruchtet und versieht alles Vergängliche an der Oberfläche der Geschichte mit Sinn.

## *Der Segen als göttlicher Impuls und Lebenskraft auf dem Weg*

Im ganzen Alten Testament sieht man, wie durch den Segen die letzte Wirklichkeit erschlossen wird. Im Neuen Testament erwächst daraus der Dank, denn jetzt *wohnt unter uns... die Gnade und die Wahrheit,* Christus (Jh 1, 17 u.14). Christus ist der Gesegnete, der Segen in Person, die fleischgewordene Gnade, die in jedes Ding und jedes Ereignis hinabstieg: in den Raum und in die Zeit, die Geschichte ist ihr Tempel. Sind wir uns nicht dieser „Wahrheit“ bewusst, täuschen uns die Äußerlichkeiten: Wir leben in der Illusion und in der Unkenntnis. Schon der Talmud sagt: *Wer in der Welt lebt, ohne zu segnen, entweiht Heiliges!*

Schon beim ersten Buchstaben der Bibel ist der Segen gegenwärtig. Dies soll betonen, dass alles folgende, die ganze Welt, auf dem Segen beruht!

Eine schöne jüdische Erzählung berichtet, wie Gott die Welt erschuf, indem er die zwanzig Buchstaben des Alphabets ins Spiel brachte, von denen jeder eine besondere Rolle hat. Aber der einzige Buchstabe, dem die Bitte gewährt wird, ist der erste, der Buchstabe *Bet*. Dieser sprach also zu Gott: „Herr der Welt, ich bitte Dich, erschaffe die Welt durch mich, damit die Einwohner der Welt Dich jeden Tag durch mich loben können, wie es heißt: Gelobt sei der Herr jeden Tag und in Ewigkeit. Amen, amen!“ Der Heilige, gesegnet sei Er, entsprach sofort der Bitte des *Bet*, und sagte: „Gesegnet sei, der da kommt im Namen des Herrn.“ Und er erschuf die Welt durch *Bet*, als da steht: *Bereshit*, d.h. am Anfang *schuf Gott Himmel und Erde* (Gen 1,1). Die Welt wurde also durch *Bet* erschaffen, und so fängt die Bibel an, weil *Bet* der Anfangsbuchstabe des Wortes *Berakha* ist, was „Segen“ bedeutet, oder Bewunderung, Verwunderung, Lob. Dies zeigt eindeutig, dass die Welt auf *Berakha* beruht. So wird die Natur der Welt offenbar und ihr Sinn dem ent-deckt, der den Segen mit bewunderndem Herzen zu sprechen weiß. Je mehr wir segnen, umso besser leuchtet uns der Sinn der Welt, der Dinge und der Ereignisse ein.[40]

Wenn Gott die Welt durch ein Wort des Segens erschaffen hat, so zeigt das, dass der Segen schöpferisch ist, er bringt Sein hervor und schenkt Leben. In ihrem Kommentar des hebräischen Textes der ersten Kapitel Genesis schreibt Annick de Souzenelle: *Der Segen ist ein göttlicher Impuls, der den „Gesegneten" auf den Weg seiner Erfüllung bringt und ihm die Kraft verleiht, die Krone zu erringen.. Der göttliche Segen bringt die „Seelen des Lebens" auf ihre Umlaufbahn und gibt ihnen den Lebensschub für ihr Wachstum… Der Segen ist untrennbar mit der Schöpfertat verbunden. „Bara" heißt erschaffen, „Barok" heißt segnen: beide Verben unterscheiden sich nur durch ihren letzten Buchstaben. Beide besitzen die Wurzel „Bar". Adam wird also durch den Segen auf den Weg seines Werdens gebracht. Die Lebenskraft wird ihm geschenkt. An ihn liegt es nun, die Flügel zu entfalten, die er durch Elohims Segen erhalten hat.*[41] Daher empfiehlt die jüdische Tradition, Gott hundertmal am Tag zu preisen, und das selbst im frühesten Lebensalter, denn es geht darum, über das Gebet hinaus eine Lebensweise einzuüben, das Kind erhält den richtigen Bezug zur Welt, und der Weg wird ihm geöffnet, um ein Mensch zu werden auf dieser Welt:

*Das Kind greift zur Obstschale.*

*– Judith, sagt der Vater, hast du den Segen gesprochen?*

*– Nein, Papa.*

*Judith, gerade vier Jahre alt, kommt auf Hebräisch ihrer Grundverpflichtung nach: „Gesegnet seiest Du Ewiger, unser Gott, König des Weltalls, dass Du diese Früchte erschaffen hast und sie uns schenkst!"*

---

40 S. *Les dix-huit Bénédictions*, Communauté des Béatitudes, Cahier 3, p. 8.

41 *Alliance de Feu- Nouveau regard sur la Genèse*, Albin Michel, p. 297, 397, 399.

*– Jetzt gehört diese Frucht dir, sagt der Vater, vorhin hättest du sie beinah Gott gestohlen, dem sie gehört.*

## *Segnen: die Lebensweise der Bibel*

„Gesegnet seiest du“, das bedeutet: „Du bist die Quelle, alles gehört Dir, und Du schenkst es mir“, oder besser: „Du verschenkst Dich selbst durch alles, was Du mir gibst!“ Darin liegt der Sinn der erstaunlichen Theologie der Schöpfung am Anfang der Bibel. In den beiden ersten Kapiteln des Buches Genesis segnet Gott alles, was Er erschafft: Er segnet die Welt, Er segnet den Menschen, Er segnet den siebten Tag, d. h. die Zeit, und das bedeutet, dass Er alles, was ist, mit seiner Liebe und Güte erfüllt: *Er sah, dass es gut war, und segnete es.* Wenn Gott Adam sodann bittet, den Dingen einen Namen zu geben, so deshalb, damit er sie in Zukunft erkennt und anerkennt, dass er die Gegenwart Gottes in allem erkennt und dafür dankbar ist.

Vom Anfang an fordert Gott den Menschen auf, aus seinem Leben ein Fest zu machen, sein Leben als Dank und Anbetung zu leben, denn das Wesentliche in allen Dingen, in der Zeit und in der Luft, die wir atmen, ist eine Gabe Gottes. Ständig Dank zu sagen ist unsere wesentliche Aufgabe unter allen Aufgaben, denn dann ist unser Leben Kommunion mit Gott: der Mensch empfängt von Ihm die Welt als Werkstoff einer allgemeinen Eucharistie. Der Mensch, dem Gott diese gesegnete Welt geschenkt hat, preist also Gott wiederum in ständiger Danksagung.

Das Segnen der Dinge verwandelt das Leben in göttliches Leben, der Mensch wird zum Priester der Schöpfung. Dass er segnen kann, zeichnet ihn vor allen anderen Geschöpfen aus. Im Segnen ist so etwas wie Mitarbeit an der Schöpfung, unendliche Liebe und Zärtlichkeit für die gesegneten Wesen, aber auch für die gesegneten Dinge und Ereignisse. Nichts bleibt, wie es war, selbst wenn äußerlich alles beim Alten bleibt, wie Brot und Wein auf dem Altar durch den Segen wirklich Leib und Blut Christi werden, ohne sich äußerlich zu verändern!

Indem er den Menschen *nach seinem Bilde* erschuf, schrieb Gott diesen Segen in die Gene unserer Zellen, er bildet unser Grundgedächtnis seit Adam. Das Leben segnen, so wie es ist, heißt es völlig genießen, heißt an dieses Gedächtnis anknüpfen, das uns dann den Segen zu Bewusstsein bringt, den der Schöpfer auf ewig in das Mysterium unserer Person und unserer Existenz gelegt hat! Der Segen wurzelt also in der Schöpferfreude Gottes.

Vom „Bilde Gottes" zur „Übereinstimmung mit Gott" zu kommen ist der wahre Sinn der Existenz. Das „Lebensprogramm" besteht darin, dass wir selbst zum Segen werden wie Gott, der „der Gesegnete" in Person ist. In der Tiefe eines jeden Menschen prägt Gott diese freudige Schwingung ein. Jeder singt seine Partitur auf eigene Weise und fügt sich trotzdem in die unendliche Polyphonie des Weltalls ein. Im Kosmos gibt es nur eine einzige große Schwingung, die Freude, und nur einen Weg zum wirklichen Leben, die richtige Tonart der Schöpfung zu treffen. Allein dieses große Ja zum Leben ermöglicht ein lebenswertes Abenteuer und einen Durchbruch über alle Risiken hinweg. „Seid nach meinem Bilde" will heißen: „Seid Lebendige, Menschen der Kommunion und der Kreativität, Menschen der Freude!" Hier springt der erste Funke der Schöpferliebe über, die in der ganzen Bibel die Menschen versammeln möchte, um sie zur Erfüllung des Bundes zu führen, bei der der Gesegnete Gottes, Jesus Christus, *alles in allem* sein wird.

Deshalb liegt der Segen allen Stufen des Bundes zwischen Gott und den Menschen zugrunde. Nach dem Sündenfall erneuert Gott den Bund, indem er Noah und seine Kinder segnet (Gen 9,1). Die Heilsgeschichte wird geprägt durch den Segen Abrahams, Isaaks, Jakobs, Josefs, Simsons, Hiobs usw. Die Priester segnen im Namen des Herrn; die Väter, Könige und Gesetzgeber ebenso. Sodann mündet dieser ganze Strom der Freude und des Segens langsam in die Ankunft Gottes als Messias. Durch ihn, Jesus Christus, wird die Geschichte beseelt, die Weltgeschichte und unsere Alltagsgeschichte, das Banale und Unauffällige: Nicht nur, dass alles gesegnet wird wie am Anfang, sondern dieser Segen ist Christi Gegenwart selbst.

Ab jetzt heißt einen Menschen, ein Ding, ein Ereignis „segnen" das Lebendige in seiner Mitte treffen und sich dieser Gegenwart bewusst werden, einen Bund zwischen dem Bedingten und dem Absoluten schließen. Jetzt heißt segnen, den Himmel innerhalb der Wirklichkeit aufschließen, das Vergängliche transparent machen für die Ewigkeit. Segnen heißt die mysteriöse Tiefe des Jetzt ausloten, bis zur inneren Quelle bohren, dort wo alles seinen Ursprung hat.

## *Unsere wahre Berufung*

Dass wir dies alles bei aller gebotenen Sachlichkeit behaupten und vor allem erleben können, liegt daran, dass mit Christus das Reich Gottes gekommen ist (Jh 12,13). *In ihm sind alle Schätze der Weisheit und Erkenntnis verborgen.* (Kol 2,3) Er verherrlicht Gott mit seinem ganzen Leben, in allen seinen Worten und Taten, bis in das Leid und in den Tod, die tragischsten Ereignisse werden durch seine Gegenwart zu einem Segen:

*Jetzt ist der Menschensohn verherrlicht, und Gott ist in ihm verherrlicht. Wenn Gott in ihm verherrlicht ist, wird auch Gott ihn in sich verherrlichen, und er wird ihn bald verherrlichen.* (Jh 13, 31–32)

Hier sieht man, dass die Selbsthingabe bis zum Opfer des Lebens zum höchsten Segen, *Opfer des Lobes*, gereicht (Heb 13,15). Bevor Christus seine Jünger verließ, machte er ihnen das Herz weit: *Dort erhob er seine Hände und segnete sie. Und während er sie segnete, verließ er sie.* (Lk 24,50) Der Jünger, also der Getaufte, ist Träger dieses Segens. Das bedeutet, dass wir dazu aufgerufen sind zu segnen, anderen das zu schenken, was wir haben, d. h. wohltuende Worte (bene dicere: „Gutes sagen", Segnen), die die Liebe Gottes sichtbar machen. Das sagt der heilige Petrus in seinem ersten Brief:

*Vergeltet nicht Böses mit Bösem noch Kränkung mit Kränkung! Statt dessen segnet; denn ihr seid dazu berufen, Segen zu erlangen.* (1 Petr 3,9)

Man darf nicht vergessen, dass diese Worte an Christen gerichtet sind, die gerade verfolgt wurden und dramatische Situationen erlebten. Dabei gibt der heilige Petrus nur das Wort Christi weiter: *Segnet eure Feinde, liebt sie!*

Dieser Befehl ist keine Kann-Vorschrift! Wir sind deswegen zu segnen „berufen", weil Segnen unserer tieferen Berufung entspricht. Wir sollen mit Christus erlösen: Wenn wir segnen, geschieht im Himmel Befreiung. Was Gott für die gesegnete Person bereithielt, wird jetzt wirksam. Es ist, als hätte der Segen eine Bresche in die Masse der Flüche geschlagen, die über unseren Häuptern schweben, und Gott den Weg gebahnt. Alle ablehnenden Worte, alle Kritik, alle Beurteilungen halten uns gefangen. Der Segen wirkt wie eine Befreiung.

Der Segen erweist sich also als äußerst wirksame Waffe, denn er bringt die Liebe und Heilung direkt von Christus, dem Erlöser, auf die gesegnete Person und ist unwiderruflich. Andererseits verändert sich, wenn wir segnen, unser Blick auf den anderen. Wir sehen den anderen im Licht Gottes, wie Gott ihn sieht, mit dem Keim der Auferstehung in sich.

So zu segnen heißt Leben schenken, das göttliche Leben fließt von mir zum anderen, aber auch vom anderen zu mir, denn Segen ist ungeheuer ansteckend!

## 11. Kapitel

# *Freut euch, dankt für alles*
(1 Th 5, 18)

*Seit bei Mariä Verkündigung das „Freue dich" erklang, bis zu der Begegnung in Emmaus, als das Herz der Jünger brannte, ist „Freude" das erste und das letzte Wort des Evangeliums*
Stan Rougier

Danken und Segnen sind gewiss eng mit einander verwandt, aber die Danksagung ist ein Höhepunkt. Sie öffnet den Zugang zu der glühenden Liebe Christi, der Mensch wird zur Fülle dessen geführt, was er durch Gnade überhaupt erfahren kann: Er taucht mit Jesus in die Tiefe der Stille, nimmt teil am heiligsten Mysterium seiner Seele, lebt in Ihm, erfährt von Ihm die geheime Ausrichtung seiner ganzen Existenz und den Hintergrund seiner Taten als einzigen Sohn.

## *Die Einheit von Leid und Freude*

Da Jesus der Sohn schlechthin ist, gehört er nur dem Vater, er ist der einzige, der in dieser unerhörten Intimität lebt, sie ganz besitzt und von ihr beseelt ist. In jedem Augenblick lebt er an der Quelle und empfängt sich aus ihr. Alles, was der Sohn ist, kommt vom Vater. In dieser völligen Abhängigkeit und unendlicher Hingabe liegen seine ganze Freude und der letztlich unauslotbare Ursprung seines Dankens. Es ist der Überschwang der Liebe im Heiligen Geist. Der Sohn lässt die Liebe zum Vater aufsteigen und zu den Menschen herabsteigen, denen er sie sein ganzes Leben lang schenkt. Das Danken ist ein Sich-Verschenken, es macht uns arm an allem, außer an Freude! Für Christus war der Himmel immer offen, wie es seine Taufe und seine Verklärung zeigen. Die Danksagung setzt ihn in unmittelbare Verbindung mit dem Vater, dem Jenseits und der Quelle.

Das Himmelreich ist kein „Anderswo", das Jenseits befindet sich nicht hinter den Wolken, es ist hier, es ist die andere Seite der Dinge, die erst durch Danken transparent wird. Dies gilt selbst unter den schlimmsten Bedingungen. In der Stunde, als Jesus von seiner Passion erdrückt wird, als er in das unheimliche Räderwerk seiner Verurteilung gerät und die Todesangst auf ihn einstürzt, als das Leid von seinem ganzen Wesen Besitz ergreift und ihm kein Raum mehr bleibt, dankt er unerschütterlich weiter und bewahrt bis zum Ende Standhaftigkeit! Selbst wenn äußerlich nichts mehr von einem *freudigen Erzittern* zu sehen ist, wie an anderer Stelle der Schrift, hat trotzdem die Stunde geschlagen, die mit Spannung erwartete Stunde, in der durch höchste Selbstaufopferung Jesus seinen Vater verherrlicht. Seine letzten Worte, bevor er nach Gethsemane aufbricht, versuchen das Unsagbare zu sagen:

*Vater, die Stunde ist da. Verherrliche deinen Sohn, damit der Sohn dich verherrlicht.* (Jh 17, 1)

Dieses lange Gebet aus dem 17. Kapitel des Johannesevangeliums sollte man mehrmals lesen und vielleicht auswendig lernen, damit man langsam hinter den Worten den geheimnisvollen Atem entdeckt. Hier kann man erfahren, wie das Danken das ganze Leiden Christi verklärt, während es jetzt kein einziges Wort mehr nahelegt. Mehr noch: Die Passion Jesu ist die Substanz der Danksagung selbst!

Nichts kann Christi Bewusstsein trüben. Genau das Bewusstsein, Gottes einziger Sohn zu sein, sich nie vom Vater zu trennen, was auch vorkommen mag, und also immer mit der Quelle des Glücks verbunden zu sein, während alles im Widerspruch dazu zu stehen scheint, ist der Motor seines Dankens. Keine Tat ist größer als die, den Willen des Vaters bis ins Letzte zu erfüllen, das ist wirklich Danksagung und also die Gnade im höchsten Grade. Es ist der Sinn der ganzen Passion:

*Vater... nicht, was ich will, sondern was du willst.* (Mk 14,36)

*Es ist vollbracht.* (Jh 19, 30)

Jesu Wirken entspricht dem Willen Gottes, und er erstrahlt in seinem Herrn. Sein Bewusstsein ist völlig eins mit dem Bewusstsein des Vaters, mit ihm ohne Mittler verbunden, so dass Liebe sehr gegenseitig ist. Vollkommen frei ist der Glanz dieser Umarmung in dem Funkeln des Heiligen Geistes des Vaters zum Sohn und des Sohnes zum Vater. Dort herrscht die unveränderliche Freude Gottes, und *niemand nimmt euch eure Freude* (Jh 16,22). Sie ist das große Zeichen der Liebe. Deswegen setzte der Todeskampf Christi die Überhandnahme seines Wesens durch die Himmelsfreude voraus: *Denn die Liebe Gottes wurde in seiner Person gekreuzigt, und diese Liebe ist wesentlich Freude, Glückseligkeit, innerliche Zärtlichkeit*[42]. Jesus litt im Verhältnis zu seiner Freude, denn dieser göttlichen Freude öffnete sich sein Empfindungsvermögen. Hier besteht ein gewisser Widerspruch, wir können das überhaupt nicht verstehen, aber es ist die allerwichtigste Erfahrung, zu der jeder aufgerufen wird:

*Wer mein Jünger sein will, der nehme sein Kreuz auf sich.* (Mt 16,24)

Christus will uns bis zu dem Kreuzpunkt zwischen Vertikalen und Horizontalen, zwischen Ewigkeit und Zeit führen, *wo die Einheit des Leids und der Freude..., Geheimnis Gottes,*[43] erlebt wird, ohne dass man sie ausdrücken kann. Wenn Christus in seiner wahnsinnigen Liebe mit seinem Kreuz eins wird, wenn er sich ihm vermählt und sich ihm so angleicht, dass zwischen beiden nicht eine Haaresbreite ist, dann fallen die Gegensätze zu-

42 MD. Molinié, *le courage d'avoir peur*, Le Cerf, p. 211.
43 F. Varillon, *Souffrance de Dieu*, p.13.

sammen, *das Unglück kann zum höchsten Glück werden*[44]. Allein die Liebe besitzt diese Macht, daher hängen an diesem *Gebot das Gesetz und die Propheten* (Mt 22, 36–40), und Jesus ist *der Weg* (Jh 14,6).

Seit Jesus den Weg genommen hat, ist jeder von uns aufgerufen, ab sofort und trotz seiner Not in der Ewigkeitsdimension zu leben. Man muss zu lieben lernen, um Jesus kennenzulernen, *lernt von mir*, sagt er (Mt 11, 29). Die Liebe ist die volle Zustimmung zu dem, was ist. Aber man kann die Liebe nicht ohne Dankbarkeit lernen. Immer und überall Dank zu sagen heißt von jeder Abhängigkeit und inneren und äußeren Bedingtheit befreit sein, frei werden von jeder Abhängigkeit: Die Freude, *die durch nichts genommen werden kann*, sitzt jenseits der Gegensätze, die Liebe ist nicht bedingt, sondern umsonst, sie ist Gott selbst.

Deswegen gipfelt das irdische Leben Christi in dieser Übertragung seines eigenen Fleisches und seines Blutes auf den Menschen, damit wir wie er werden, damit wir lernen, zu *lieben wie er* (Jh 15,12), und damit *seine* Freude in uns bleibt (Jh 15,11).

Unser Sein wird durch den Christus-Gott beseelt, und sein Kern ist die Eucharistie, daher haben wir das Lob und den Dank in unserem Fleisch und Blut, *wir nehmen teil an der Freude unseres Herrn* (Mt 25,21) und gehorchen seiner letzten Aufforderung: *Tut dies zu meinem Gedächtnis* (Lk 22, 19), das heißt: Tut Eucharistie, sagt Dank, verwandelt die Welt durch die Freude, befreit das Leben von den Störenfrieden...

## *Am göttlichen Frohlocken teilnehmen*

Es geht nicht mehr um einfältigen Optimismus, darum, alles auf die leichte Schulter zu nehmen oder nur das Positive sehen zu wollen. Christi Dankgebet packt das Böse an der Wurzel, mit

---

44 A.V. Sertillanges, *Devant la mort*, tMorel, p. 45.

seinen allgemeinen Folgen und seiner Last, wir haben verstanden, dass dies nur ein Teil der Wirklichkeit ist und dass man das Licht in Fülle leben muss. Wie aber kommt man aus der Finsternis in dieses Licht? Gerade Danken ist eine göttlich-menschliche Handlungsweise, durch die Christus uns in seine Eucharistie einfügt und uns zu neuen Menschen macht, die der sündigen Welt entkommen sind! Das Brot und den Wein zu sich zu nehmen, die Leib und Blut Christi geworden sind, heißt sich selbst radikal wandeln wollen und ein anderer werden. Man wird zu dem, was man isst. Sich nicht aus dem göttlichen Leben ernähren zu wollen heißt glauben, dass man auf niemanden angewiesen ist: Dann erstickt jede Dankbarkeit, und in diesem Undank wurzelt der Stolz. Seit Adam sündigt der Mensch aus Stolz, wird Gott entfremdet und ins Exil des Sündenfalles verbannt. Glauben, dass man auch ohne Gott leben kann, ist wie glauben, dass es Wasser ohne Quelle gibt. Danken arbeitet dem Stolz, dem Ursprung alles Bösen, entgegen. Durch Licht und Kraft lenkt es uns wieder zu unserem Schöpfer und weckt unsere Sehnsucht nach Gott. Wie die Sünde ein Zustand der Trennung von Gott ist, ist das Danken Kommunion mit Ihm. Daher sagt der heilige Paulus: *Seid dankbar!* (Kol 3,15) Es geht darum, zu leben und in der Fülle zu leben: Nun gibt es kein Leben außer in Gott. Diese „Fülle" der Gnade kommt von Gott, der stets in uns, in allem und überall „am Werk" ist (Jh 5,17), um uns aus unserem toten Leben zu befreien.

Der dankende Mensch spürt das Frohlocken Gottes in seinem Wirken und antwortet mit seinen eigenen Taten. Unser Handeln gewinnt erst durch Vereinigung mit Gott Weite und Tiefe. Die Mitarbeit mit Gott gleicht der Mitarbeit eines Brautpaares, denn sie drückt Liebe aus. Wer sich in jedem Augenblick mit dem Willen Gottes eint und für alles dankt, bringt den Menschen großen Frieden. Er ist ein Begnadeter, er vollführt alles mit Leichtigkeit und Gewandtheit, weil er mit den Gesetzen der Schöpfung in Einklang steht. Sein Leben ist ein Gesang. Und dieser Gesang ist zugleich stärkste Tat und höchste Kontemplation, und beide sind eins.

Der Mensch wird neu: [45]*Zum neuen Menschen geworden, sind wir sofort entschlossen, unserem Glauben schlicht und demütig „Ja" zu sagen und im Jubel Christus zu folgen: Dann ist alles möglich, und es geschieht ein Wunder.*[46]

Sie können in der Tat geschehen, unter dem alltäglichen Ereignis, nicht am Rande, weil Gott nicht außerhalb unserer Geschichte ist, sondern unter dem Ereignis, dank dem Glauben, der es transparent macht. Die Wunder sind in den alten orthodoxen Landschaften das wahre tägliche Brot des Volkes. Aber das größte Wunder besteht darin, dass die Danksagung jede Stelle meines Wesens und der ganzen Welt in einer langsamen Vergöttlichung heiligt und dabei ganz auf stille Weise in dieser Welt des Profits, des Undanks, der Gewalt und des Fanatismus die Stimme der selbstlosen Liebe hörbar wird. Konservative Gläubige nehmen daran genauso Anstoß wie Politiker. Weder die einen noch die anderen haben es jemals vermocht, den neuen Menschen erstehen zu lassen und ihn zur einzig ersehnten Freude zu führen. In ihren Augen ist der Heilige ein unnützer Mensch, zu nichts zu gebrauchen! Dabei ist er doch der einzige echte Revolutionär, sein Leben ist ein prophetischer und politischer Akt in der stärksten Bedeutung dieser Worte, sein Wesen zeugt von göttlicher Fruchtbarkeit, die allen Systemen widersteht, er trägt insgeheim die Last der Welt auf seinen Schultern und lenkt seine Geschicke.

Die Revolutionen der Menschheit haben nur Denkmäler für Tote hinterlassen, aber wer kann je ermessen, wie viel Frucht Franz von Assisi oder Serafim von Sarow gebracht haben? Sie mögen schon seit Jahrhunderten tot sein, aber sie erstrahlen

---

45 Paul Evdokimow, L'amour fou de Dieu, Le Seuil, p. 77.

46 Synergie = Kooperation.

immer noch in unserer Finsternis. Und daher kann man auch mit Léon Bloy sagen: *Es gibt nur einen Grund, traurig zu sein, nämlich den, kein Heiliger zu sein.* Denn inmitten der Welt, so wie sie ist, hat der Heilige das wahre Leben entdeckt. Er lebt im Alltag jenseits des Alltags, er wird der *Mensch des achten Tages* genannt, der das Ewige im Vergänglichen lebt. Eins dieser Feuerwesen unter den Wüstenvätern, Evagrius Pontikus (4. Jh.) hat es wunderbar beschrieben:

*Er ist von allem getrennt und mit allem verbunden,*
*Unerschütterlich, und von überragender Empfindsamkeit,*
*Vergöttlicht, und hält sich für den Kehricht der Welt,*
*Und vor allem ist er glücklich,*
*glücklich wie Gott …*[47]

## *Wie wird die Wende vollzogen?*

Wie bekommt das Leben einen Sinn? Es kann doch nur darum gehen, sein Leben in Fülle zu leben. Aber dazu muss man sich entscheiden. Das Wort von der „Entscheidung" beschreibt am besten, was Ostern im Leben eines Menschen ist. Durch unsere Entscheidung erstirbt in uns das Nicht-Leben, und wir erstehen auf einer anderen Ebene, werden aufgebaut und auf den Weg der Befreiung gebracht. Sterben jedoch ist ein Opfer, Danksagung bezieht sich auf Eucharistie: Der Mensch tritt in einen Wandlungsprozess, und diese Wandlung ist um so schmerzlicher, je dicker die Schutzmauern des Ego sich ausnehmen.

Zu solch einer Umkehr fordert uns Christus ununterbrochen auf, dort ist wirklich der Kern seiner Botschaft, und als er selbst das Leiden auf sich nimmt, wird er zum Wegbereiter für alle auf dem Weg. Man könnte sich drei Gebiete in unserem Wesen vorstellen:

---

47 *Les leçons d'un contemplatif – Traité d'oraison,* Beauchesne, p. 187.

1. Der Kern unseres Wesens wurde nach der Heiligen Schrift *als Abbild Gottes* geschaffen (Gen 1,26). Die Tiefe unseres Wesens ist *sehr schön, sehr gut* (Gen 1,4 f.). Da ist der Thron Gottes im Menschen, im Geist des Menschen (Jh 14,23). In dieser „Mitte“ des Menschen *ist das Reich Gottes* (Lk 17,21), und dort sollen wir nach Christi Willen verankert sein (Jh 15,5 und 9). Dort, wo wir verwurzelt sind und das Leben entsteht, können wir die Gegenwart Gottes vernehmen und in ein Meer der Liebe eintauchen. Nur der Mensch, der sich dort festmacht, *bringt reiche Frucht*, denn *getrennt von mir könnt ihr nichts vollbringen* (Jh 15,5). Seid *in der Liebe verwurzelt und auf sie gegründet* (Eph 3,17). Dort liegt im Menschen Friede und Stille, die *jedes Verstehen übersteigt* (Ph 4,7).
2. Dieser Kern unseres Wesens ist von einem Schattenbereich umgeben, in dem Dornen, Schweiß und Leid, Leere und Einsamkeit herrschen. Seit dem Sündenfall, als der Mensch sich Gott entzog, sehnt sich die Seele nach dem, was sie verlor, empfindet Absurdität und Todesangst, leidet und ist enttäuscht. Hier herrschen Schuldgefühl, Bitterkeit, Hass, und alles, was den Menschen trotz aller Versuche der Psychotherapie von Depression zum Selbstmord führen kann.
3. Demgegenüber baut sich jeder sein eigenes Schutzsystem auf, um zu überleben. In diesem dritten Bereich behauptet sich das Ego, um das Leid abzuwehren. Das Ich wappnet sich mit einem dicken Panzer aus Besitz jeder Art, Karriere- und Profitsucht, Zurschaustellung. Selbst Religion ist für viele in diesem Bereich nur eine Zuflucht oder eine „Ewigkeitsversicherung“. Alle Leidenschaften des Menschen sind nur ein Ersatz des wahren Lebens, von dem er sich abgewendet hat.

## *„Nur das Angenommene kann verwandelt werden“* (C.G. Jung)

Es geht also darum, eine Wende zu vollziehen. Darin besteht die Entscheidung. Christus sagte: *Ihr alle werdet genauso umkommen, wenn ihr euch nicht bekehrt.* (Lk 13,3) Im Ego-Bereich herrscht ein *Leben zum Tode* (Heidegger). Von dem Rand zur Mitte, von unserem inneren Ägypten bis ins Gelobte Land in der Tiefe unseres Selbst ist *der längste Weg*. Darum waren die Hebräer 40 Jahre unterwegs, eine Chiffre für die langsame Reifung und das Erreichen des Erwachsenenzeitalters. Dieser Kreuzweg zur wahren Freude ist das Wesentliche, so dass aus der Danksagung ein Opfer des Lobes wird.

Wenn der Mensch sich für die Umkehr entschieden hat, ist er zunächst voller Freude, denn er gehorcht innerlich dem ständigen Ruf der Gnade. Sobald er aber im Alltag das Instrument der Danksagung anwendet, stößt er schnell auf die Festung des Ego, denn nichts steht der Freude mehr entgegen als Egoismus. Das Ego besteht nur aus Jammern und Opponieren, grundlose Freude ist ihm tödlich. Aber gerade dieser Tod und die dazugehörenden Schmerzen führen zum Wesenskern. Der Weg geht ja unvermeidlich durch die beiden Gebiete. Der Mensch muss den Weg des Kreuzes gehen und das Unannehmbare anzunehmen lernen. Jesus sagt: *Wer mir folgen will* (d. h. dahin kommen will, wo ich bin, in die Tiefe deines Wesens), *der verleugne sich selbst, nehme sein Kreuz auf sich und folge mir nach. Denn wer sein Leben retten will, wird es verlieren, wer aber sein Leben um meinetwillen verliert, wird es gewinnen.* (Mt 16,24–25) Wer echte Bekehrung und Befreiung sucht, muss Leid auf sich nehmen.

Wichtig ist Beharrlichkeit. Zur Reifung ist Zeit nötig, zu dieser Aufgabe, der einzigen wirklichen Aufgabe des Menschen. Es braucht Zeit zu einem Durchbruch, bei dem alle Fähigkeiten gleichzeitig gereinigt und in seinem Herzen zusammengefügt werden. Die Danksagung ist ein Prozess. Ist das Herz betroffen, wird das ganze Wesen ergriffen. Dann haben wir es mit einer Lebenshaltung zu tun, aber erst im Herzen wird die Fülle erfahren. Das Herz ist die Mitte des Lebens, in ihm vereinen sich Intellekt, Wille, Emotionalität, Seele und Leib, Vergangenes und Zukünftiges. Diese ***Handlung der Gnade*** führt das Herz genau zur Dankbarkeit. Die Dankbarkeit wiederum ist eine Gabe, vielleicht die Gabe des Lebens schlechthin, sie kann nicht „gemacht", sondern nur angenommen werden. Sie ist eine Kraft der Verwandlung. Wer sie entdeckt hat, sieht anders und andere Dinge, die Erste Wirklichkeit. Er ist in sich geeint, aber fühlt sich auch eins mit den anderen Menschen und mit jedem Geschöpf auf dieser Welt, denn im Herzen ist *mir Gott näher als ich mir selbst bin* (Augustinus, 5. Jh.).

## *Das Opfer des Lobes*

Durch diese Nähe Gottes verbrennt das Ego als Brandopfer auf dem Altar meines Herzens. Hier wird ein Tod gefeiert, der ins Leben führt. Schließlich geht der Mensch ganz in Gott über und kann wirklich behaupten: *Nicht mehr ich lebe, sondern Christus lebt in mir.* (Gal. 2,20)

Dann ist das Opfer vollbracht. Kein Lob ist größer, keine Befreiung tiefer. Der Mensch empfängt eine Fülle der Gnade und sagt Dank in vollkommener Freude, denn sein Wille ruht im Willen Gottes, dem er sich ganz geschenkt hat. Gerade auf diese *Stunde* seiner Verherrlichung will Christus seine Jünger vorbereiten, als er ihnen bei der Feier der Danksagung, der Eucharistie, sagt: *Tut dies zu meinem Gedächtnis!* (Lk 22,19) Aber über diese Danksagung sagt er erst: *Es ist vollbracht*, als der Augenblick der Selbstaufopferung gekommen ist, sein Tod (Jh 19,30). Wenn aus seiner Seite dann Wasser und Blut quellen, so deshalb, weil wir dort gegründet sind: Taufe und Eucharistie. Durch diese beiden Sakramente, die virtuell gelebt werden, eröffnet sich für jeden von uns die *persönliche Stunde*, d. h. die Ewigkeit in der Zeit, oder Christus in seinem Leben.

So wird die Paradoxie des „Opfers des Lobes“ durch das Leben selbst beseitigt. Es geht nicht mehr darum, zwischen Freude und Leid zu unterscheiden, sondern darum, dem Leben, so wie es ist, voll zuzustimmen. Wie Martin Buber über die jüdische Mystik der Chassidim schreibt: Der einfachste Mensch findet seine Freude, eine begeisterte Freude an dieser Welt, wie sie ist, an jeder Stunde des Lebens in der Welt, wie diese Stunde ist.

*Aller Widersinn, mit dem die Welt dich kränkt*, fügt er hinzu, *tritt gegen dich an, damit du den Sinn in ihm entdeckst... Alles Urleid will Eingang in deine begeisterte Freude.*

Der chassidische Glaube wurzelt in der Tatsache, dass die messianische Vollendung gerade bevorsteht; daraus entspringt eine solche Begeisterung, dass das ganze Leben durchdrungen wird. Daran zeigt sich die Echtheit und belebende Energie einer Religion. *Mit allem Tun und Lassen bekundet der echte Chassid, dass trotz all des unsäglichen Leidens der Kreatur doch der innerste Pulsschlag des Daseins göttliche Freude ist und dass man stets und überall zu ihr durchdringen kann.* Dazu muss man nur seine ganze Energie leidenschaftlich zusammennehmen und dort sein, wo man sein muss, um mit heiliger Sammlung das zu tun, was man zu tun hat.[48]

Für Rabbi Nachmann, einen der großen Meister des Chassidismus, liegt alles an dieser Freude, denn ohne sie *verkommt das Leben, und alle Krankheiten befallen den Menschen*. Und an anderer Stelle sagt er: *Wenn die Freude den Leib des Menschen ergreift, dann erheben sich die Hände und die Füße, und er kann nicht anders, er muss tanzen.*[49]

---

48 Martin Buber, *Die Erzählungen der Chassidim*, Manesse, S. 15–27.
49 M.A. Ouaknin, *Tsimtsoum*, Albin Michel, p. 127.

## *Ich tanze, also bin ich*

Der Tanz ist das Frohlocken des Seins, daher kann er auch in gänzlicher Unbeweglichkeit erlebt werden. Die Gestik ist nur der freie Ausdruck, das Spiel des Lebens, wenn der Tanz bewusst ist. Wenn wir uns darüber bewusst werden, dass im Urgrund des Seins immerwährender Jubel herrscht, verschwindet die Spannung. Die Achtsamkeit bleibt vollkommen gelöst, die Hörbereitschaft ohne Verkrampfung, die Aufnahme ohne Reaktion, es geschieht Hingabe. Der Leib weitet sich, die Seele greift nicht ein, und der Geist ist reine Gegenwart, Bewusstsein ohne Objekt. In diesem Schweigen des Seins liegt der Gipfel des Opfers, und das Lob besteht nur noch in der Transparenz für die direkte Wahrnehmung der Gegenwart. Wenn die Empfänglichkeit zur totalen, bedingungslosen und nicht gelenkten Öffnung in einem Zustand tiefer Entspannung wird, wird der Mensch von der Gnade erfasst, die ein Frohlocken des Seins ist.

Darin ist das Geheimnis jedes großen Kunstwerks enthalten. Aber jeder Mensch muss zum Meister am Kunstwerk des eigenen Lebens werden. Jedoch entweicht uns das Leben gerade dann, wenn wir es uns zu Eigen machen, wenn es zum Besitz werden soll. Das Leben ist Gnade, Geschenk, und wird zur Fülle erst bei dem, der es aufnehmen kann, ohne es einzudämmen. Dem Staunenden ist es stets überraschend, dem keine Erinnerungen („das kenne ich schon") im Wege stehen, ist es immer neu und sprudelt immer wieder aus dem Grunde der Ewigkeit. Wenn es keine Hindernisse gibt, ist das Leben ganz einfach Leben, das Leben ist Spiel und spielt mit sich selbst.

Im Zuge dieser allmählichen Befreiung kommt das echte Ich des Menschen zum Vorschein, und das Leben, das sich in diesem Ich kundtut, ist das göttliche Ich. Hier herrscht reine Erkenntnis, Erwachen des einen zum anderen, des einen durch den anderen, ohne Eingreifen eines Ego. Es gibt eine Kommunion im Bewusstsein, ohne Beziehung, ohne Zweiheit: Gott ist im

Innern von allem, was ich bin. Er ist die Intelligenz meiner Intelligenz, das Herz meines Herzens, der Wille meines Willens, die Geste meiner Geste, der Atem meines Atems. *Für mich ist Christus das Leben.* (Ph 1,21) Alles liegt im Erspüren, in der Qualität des Blickes und des Bewusstseins.

Was macht meine Begeisterung aus, und wo ist ihre Quelle? Bei dem beständigen Wunder des „Nicht-Wirkens", der Hingabe, der Anstrengung ohne Anstrengung. Die Aufforderung Jesu *Folge mir* ist die wahre Revolution, die Gott in die menschliche Geschichte einbrachte. Setze deine Schritte in meine, deine Gedanken in meine, wähle, was ich wähle, lass dich begeistern!

Das Glück besteht darin, in jedem Augenblick wachsam zu sein. Daraus erwächst Beständigkeit, und Beständigkeit ist der richtige Weg. Durch völlig offenes Haften an dem, was ist, offenbart sich Der, der ist, in uns und außerhalb von uns. Wenn leben Christus heißt, dann können wir alles mit Freude und Jubel aufnehmen, ob die Dinge klein oder groß, schön oder verhängnisvoll sind, da Er sich durch alles und in jedem Augenblick offenbart! Das Christentum bestätigt sich in der Freude und verspricht den Menschen, dass der Tod nicht das letzte Wort der Geschichte ist: *Die ersten Christen brachten kein Programm, keine Theorie. Aber überall, wo sie hingingen, keimte der Samen des Himmelreiches, loderte der Glaube auf, wurde das Leben verklärt, das Unmögliche möglich... Ihr ganzes Wesen war eine lebendige Fackel des Lobes für den auferstandenen Christus. Er und Er allein war das ganze Glück ihres Lebens, und der Zweck der Kirche war einzig, der Welt und der Geschichte die Freude des auferstandenen Christus zu bringen, in dem alle Dinge ihren Anfang und ihr Ende haben.*[50]

50 A. Schmemann, *Pour la vie du monde*

## Weitere Bücher aus dem Verlag Via Nova:

# Die Geburt des wahren Selbst im Menschen

### Die Botschaft Jesu für unsere Zeit im Lukasevangelium

### Konrad Dietzfelbinger

Hardcover, 520 Seiten – ISBN 3-936486-28-X

Schon wenige Jahrzehnte nach Jesus ist vergessen worden, dass das Christentum ein spiritueller Weg ist, auf dem das Ebenbild Gottes, das der Mensch seinem tiefsten Wesen nach ist und das unter dem falschen, ichbezogenen Wesen des Menschen zu ersticken droht, wieder zum Leben erweckt wird. Jesus selbst hat diesen Weg vorgelebt. Verankert in den göttlichen Kräften, hat er das wahre Selbst, das Reich Gottes, in dem Maße zur Erscheinung gebracht, wie er das unwahre Selbst – die pharisäische Selbstgerechtigkeit und die dämonischen Kräfte des Macht-, Ehr- und Besitzstrebens – erkannte und dadurch entkräftete. Die Schüler Jesu vollzogen diesen Weg in den Kräften ihres Meisters nach. Alle Wunder, Ereignisse, Aussprüche in den Evangelien sind Stationen einer genau strukturierten inneren Entwicklung. Wer das Lukasevangelium unter dieser Perspektive liest, erlebt wie in einem Vorgeschmack den spirituellen Weg Jesu und seiner Schüler, der auch sein Weg werden kann.

# Der Weg zum Christus-Bewusstsein

### Eine Landkarte für spirituelles Wachstum in die Tiefe der Seele

### Jim Marion

Hardcover, 256 Seiten – ISBN 3-936486-27-1

Gestützt auf das Werk des bekannten Bewusstseinsforschers Ken Wilber – der das Vorwort zu diesem Buch geschrieben hat – und auf das Modell der stufenweisen Bewusstseinsentwicklung, zeichnet der Verfasser unter Berücksichtigung der neuesten Erkenntnisse auf dem Gebiet der Psychologie, aber auch des Neuen Testaments und so bedeutender christlicher Mystiker wie Teresa von Avila und Johannes vom Kreuz eine Karte, die uns Schritt für Schritt zu dem Bewusstsein hinführt, das Jesus als das Reich Gottes bezeichnete – zur höchsten Stufe der spirituellen Entwicklung des Menschen. Das Buch will zeigen, dass Jesu Lehren und auch sein Tod und seine Auferstehung uns den Weg zu diesem inneren Reich weisen sollten, und dass wir, wenn wir Christus in diesem Reich Gottes begegnen wollen, dies tun müssen, solange wir als Menschen hier auf dieser Erde leben. Ken Wilber schreibt in seinem Vorwort: „Das Buch ist eine wahrhaft inspirierende Offenbarung und ein behutsamer Führer in die tiefsten Bereiche unserer eigenen Seele."

# Der mystische Weg zu Christus

### Andrew Harvey

304 Seiten, Hardcover – ISBN 3-928632-91-4

In diesem Buch nimmt uns einer der berühmtesten religiösen Denker unserer Zeit auf eine Einweihungsreise in das voll erwachsene Christentum mit. Es enhüllt einen Christus, der allen engagierten Christen direkt zugänglich ist und dessen lebendige Botschaft jenseits der Strukturen existiert, die von den Kirchen in seinem Namen geschaffen wurden. Indem er die besten unter den modernen Geschichtsgelehrten und das Zeugnis der größten christlichen Mystiker aller Zeiten verwendet, belebt der Autor und Lehrer Andrew Harvey das revolutionäre Versprechen des frühen Christentums neu und stellt Jesus als den Sohn des Menschen vor: ein von Gott Erfüllter, dessen Ziel die Initiation aller menschlichen Wesen in die Kraft und die Glorie der ihnen innewohnenden Göttlichkeit, der Sturz aller ungerechten Hierarchien und die Verwandlung der Erde in das Königreich Gottes war. Anleitungen und Übungen aus den frühen mystisch-christlichen Traditionen vermitteln lebendige Inspirationen, Christus zu erfahren.

# Suche nach dem Sinn des Lebens

Willigis Jäger

272 Seiten, Paperback, Award-Preis in den USA **6. Auflage**
ISBN 3-928632-03-5

Alle wichtigen Themen des spirituellen Lebens werden von dem Zenmeister Pater Willigis Jäger in diesem Buch grundlegend behandelt und in Bezug gesetzt zur christlichen Mystik, aber auch zu den großen Traditionen der esoterischen Wege anderer Religionen, zu den Ergebnissen moderner Naturwissenschaft und zu den Erkenntnissen der transpersonalen Psychologie. Die psychologischen Aspekte des inneren Weges, seine Tiefenstrukturen und Stadien, der Umgang mit den Gefühlen und die Verwandlung des Schattens werden eingehend beschrieben. In diesem Buch geht es um den inneren Weg der christlichen Religion, um einen Bewusstseinswandel in der Gleichgestaltung mit Christus, um eine neue – von innen geprägte – Ethik, die Verantwortung für die Mitwelt übernimmt. Das Buch befreit zu einem sinnerfüllten Leben; motiviert, den inneren Weg zu gehen, provoziert zu einem neuen Denken und Handeln und tröstet in dunklen Stunden.

# Wohin unsere Sehnsucht führt

Mystik im 21. Jahrhundert
Ansprachen, Predigten, Inspirationen **2. Auflage**

Willigis Jäger

328 Seiten, Paperback – ISBN 3-936486-21-2

Der bekannte Benediktinerpater und Zemeister Willigis Jäger legt eine Sammlung von Texten vor, die um einen einzigen Themenkomplex kreisen: das Göttliche und den Menschen in seinem Verhältnis zum Göttlichen. Um diese mystische Erfahrung dem Leser nahe zu bringen, macht der Verfasser immer wieder deutlich, dass Jesus die Menschen in diese Fülle des Lebens führen wollte. Er interpretiert die biblischen Aussagen unter diesem Gesichtspunkt völlig neu und vermittelt damit den suchenden Menschen unserer Zeit, die sich von den traditionellen Glaubenslehren nicht mehr genügend angesprochen fühlen, tiefere Einsichten und neue Perspektiven von Gott, Religion und Welt. Gleichzeitig werden aus der mystischen Tiefe kommende Anweisungen und Lebenshilfen für die Bewältigung des Alltags gegeben. Willigis Jäger formuliert das, was er seinen Kursteilnehmern und den Lesern als Wegbegleitung auf dem Weg nach innen zu sagen hat, in einfachen Worten, kurzen, klar verständlichen Sätzen ohne jeden rhetorischen Schmuck.

# Franziskus von Assisi

Der Weg eines Gott Liebenden

James Cowan

Hardcover, 184 Seiten – ISBN 3-936486-24-7

Wie ergründet man das Leben eines Mannes, der einen solch starken Einfluss auf Katholiken und Nicht-Katholiken gleichermaßen ausgeübt hat? Franziskus ist kein gewöhnlicher Heiliger. Er zieht sich nicht, wie zu damaliger Zeit üblich, in ein Kloster zurück, sondern macht die Straße zu seinem Wohnsitz. Er trägt seine Spiritualität und seinen Glauben zu den Menschen. Im vorliegenden Buch vollzieht der Verfasser den Weg des Heiligen nach und erforscht dabei das Leben und die Wesensnatur dieses wahrhaft außergewöhnlichen Mannes. Die Reise auf seinen Spuren wird für den Autor selbst zu einer Wallfahrt. Zugleich schlägt er aber auch eine Brücke in die heutige Zeit des Überflusses und der Abhängigkeit von materiellen Dingen und vergleicht sie mit der Besitzlosigkeit und Armut, die Franziskus zu seinem Credo machte, um sich von der „Tyrannei der Dinge" zu befreien. Durch die ungewöhnliche Sicht des Verfassers hat auch der Leser die Möglichkeit, einen ungewöhnlichen Blick auf einen der größten Heiligen aller Zeiten zu werfen.

# Verwandle Mißerfolg in Erfolg

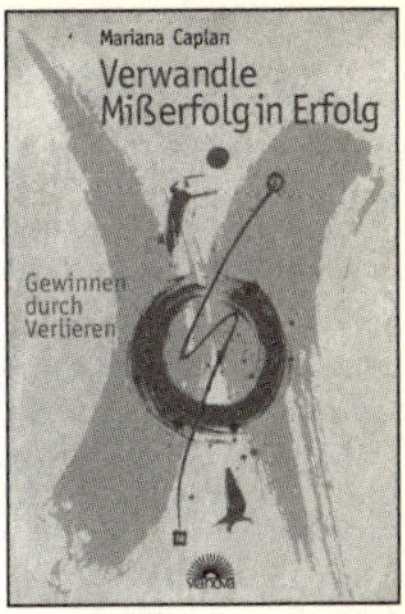


## Gewinnen durch Verlieren

### Mariana Caplan

168 Seiten, Paperback – ISBN 3-936486-17-4

Was geschieht, wenn alle unsere vermeintlichen Götter – Glück, Gesundheit und Liebe – uns im Stich lassen? Genau dann entsteht das Potenzial für eine klarsichtige Bewusstheit, die zu wahrer Erkenntnis der Realität, zu nie dagewesenem Wachstum und zu radikaler Transformation führen kann. Das ist die Lehre, die Mariana Caplan dem Leser in diesem Buch vermitteln will. Auf anschauliche und spannende Weise beschreibt sie, wie man durch Misserfolge und den Verlust vermeintlich wichtiger Dinge zu der Erkenntnis gelangt, dass authentischer Erfolg nicht an materiellen Dingen, Vorstellungen oder Erwartungen, sondern an der Qualität unseres Menschlichseins und unseres Daseins gemessen wird. Der Schriftsteller Joseph Chilton Pearce bezeichnet das Buch als „ein Werk voll zarter Weisheit, echter Führung und mitfühlender Richtungsweisung".

# Den Weg des Herzensgebetes gehen

## Herzensgebet, Herzensmeditation, christliche Spiritualität für unsere Zeit

### Heinz Biegling

128 Seiten, gebunden – ISBN 3-928632-49-3

Wer auf der Suche ist, einen genuin christlichen Meditationsweg für sich zu finden, dem sei dieser *„Weg des Herzensgebetes"* empfohlen. Er hält sich eng an die spirituelle Richtung des Hesychasmus, wie sie seit dem 4. Jh. durch die Mönche der Früh- und Ostkirche entwickelt wurde; aber er transformiert ihn auch für die spirituellen Bedürfnisse unserer Zeit. Es werden ganz konkret Anweisungen angeboten, wie der Übende stufenweise in das Geheimnis des Herzensgebetes vordringen und die Hilfe der Herzensmeditation erreichen kann. Diese Meditationsweise erschließt transpersonale „Räume", so dass lichte, den Engelbereichen zugehörigen Mächte den Übenden erreichen. Herzensgebet und Herzensmeditation können bei konsequentem Üben die innere Herzenstür öffnen, so dass die göttliche Gegenwart erfahrbar wird.

# Das Vaterunser

## Ein Weg für die persönliche und die globale Transformation

### C.G. Weeramantry

272 Seiten, Paperback – ISBN 3-928632-63-9

Dieses Buch ist eine zupackende Darstellung richtungsweisender Lebensregeln und zugleich eine Antwort, wie in einer Zeit ohne verbindliche Orientierung religiöse – und das heißt für den Autor: in allen Kulturen wirkende – Prinzipien und Werte im praktischen, alltäglichen Leben und auf dem Gebiet der Rechtsprechung verwirklicht werden können. Im christlichen Kulturkreis sind diese in allen Weltreligionen gültigen Prinzipien besonders prägnant im Vaterunser zusammengefasst. Es ist faszinierend, dem Autor zu folgen, wie er in diesem logisch-sachlich aufgebauten Werk zeigt, dass das Vaterunser nicht nur **das** Gebet des Christentums ist, sondern zugleich auch eine unerschöpfliche Schatzkammer an allgemein menschlichen und juristisch fassbaren Regeln und Rechten enthält. Ziel des Autors ist es, die hohen und zugleich einfachen Prinzipien des Vaterunsers in Regeln praktischen Verhaltens umzusetzen.

# Geh den Weg der Mystiker

Meister Eckharts Lehren für die spirituelle Praxis im Alltag

Peter Reiter

Hardcover, 304 Seiten – ISBN 3-936486-37-9

Noch nie war Mystik so spannend, so aufregend! Zeitgemäß, lebendig und alltagsorientiert vermittelt der Meister-Eckhart-Experte Peter Reiter die Lehre des größten deutschen Mystikers – exemplarisch für alle mystischen Traditionen. Die Kraft und Inspirationen der Lehre Meister Eckharts werden hier so vermittelt, dass sie direkt ins Herz des Lesers fließen. Schritt für Schritt begleitet Peter Reiter den Suchenden an den Ort, wohin der alte Meister schon seine Zuhörer führte: zur unmittelbaren Erfahrung des All-Eins-Seins inmitten der Welt, ins Hier und Jetzt! In allen Lebensbereichen kann das Göttliche geahnt, gefühlt und erfahren werden. Der Weg zum Ziel führt mit entsprechenden Übungen über verschiedene Etappen: Mitgefühl mit allem Sein, leben in Gelassenheit, Widerstand aufgeben, die Welt annehmen, Verantwortung übernehmen, Altes bereinigen, Bewerten und Verurteilen sein lassen, mit Trauer und Leid umgehen und die Liebe leben. Die Übungen im Geiste Eckharts stammen aus verschiedenen mystischen Schulen und geistigen Traditionen.

# HOLOS – die Welt der neuen Wissenschaften

Ervin Laszlo

208 Seiten, Hardcover – ISBN 3-928632-94-9

In den Wissenschaften findet eine Revolution statt. Es ist keine technologische Revolution – es ist eine Revolution des Weltbildes. Prof. Laszlo verfolgt diese Entwicklung und macht sie jedem zugänglich, der an den neuesten Erkenntnissen darüber teilhaben möchte, wer und was wir sind, was die Welt ist, die uns umgibt, und auf welche Weise wir in Beziehung zueinander und zu dieser Welt stehen. Zunächst unternimmt der Leser eine faszinierende Reise durch die neuen Wissenschaften. Er erfährt in einfacher Sprache, was Wissenschaftler bereits wissen und vor welchen Rätseln sie im Hinblick auf den Kosmos, das Quantum, den lebenden Organismus und das menschliche Bewusstsein immer noch stehen. Dann erforscht der Verfasser diese Welt, indem er Fragen stellt, auf die er nun zuversichtliche, wenn auch überraschende Antworten geben kann – Fragen, bei denen es um Ursprünge und Bestimmung des Universums und um Ursprung und Evolution des Lebens und des Bewusstseins geht –, um dann die größten der „großen Fragen" zu stellen: Fragen der Unsterblichkeit, zum Bewusstsein im Kosmos und zu einem Bewusstsein, das eine wissenschaftlich basierte Schau als den Geist Gottes erfassen kann.

# Kontemplation und Mystik

48 Seiten, Paperback, zwei Ausgaben: Frühjahr und Herbst

ISSN 1610-2185

**Kontemplation und Mystik** ist eine **Zeitschrift** zu Praxis und Theorie kontemplativen Lebens. Ihr Anliegen ist, den alten, fast vergessenen christlichen Gebetsweg der Kontemplation wieder bekannt zu machen, der in den Raum mystischer Erfahrungen führt. So möchte diese Zeitschrift all jenen als Forum dienen, die sich der mystischen Tradition verbunden fühlen und konkrete Anregungen und Impulse für den eigenen spirituellen Weg suchen. Damit dient die Zeitschrift dem Dialog sowohl innerhalb der christlichen Tradition sowie zwischen den verschiedenen mystischen Erfahrungswegen der Religionen, als auch den angrenzenden Wissensgebieten und Forschungsfeldern, insbesondere der transpersonalen Psychologie.

Die Beiträge in **„Kontemplation und Mystik"** sind aus der Erfahrung heraus für die Erfahrung transpersonaler, mystischer Bewusstseinsräume geschrieben. Sie berücksichtigen gleichermaßen die mystische Tradition sowie deren Verwirklichung im spirituellen Alltag. So ist diese Zeitschrift ein wichtiger Begleiter auf dem Weg nach innen.